KB248392

농 부

변진표 회고록

농
부

발행일   2011.8.5 초판
지은이   변진표
편 집   윤진운
교 정   김민정
디자인   정혜진
발행인   김광호

주 소   서울은평구갈현동515-11예일빌라 104
발행사   도서출판 아담
전 화   031 243 8026
ISBN   978-89-96233-2-0

adamfilm.oranc.co.kr
3822724@hanmail.net
도서출판 아담 2011

나의 자랑스러운 큰 아들 영천과 작은 아들 영화
그리고 여식인 영희와 영미, 그리고 손주들에게
나의 살아온 날과 사상이 이해되기를 바라며 이 책을 쓴다.

◆ 서문 ◆

중국 대륙을 통일한 진시황은 세상에서 가장 많은 것을 가지고, 가장 많은 것을 누렸으나 그도 죽음이 두려웠던 모양이다. 그는 말년에 불로초를 구해서 영생을 누리고 싶어 했다. 그래서 서복이라는 자에게 막대한 금은보화를 하사하고 불로초를 구해오라고 지시를 했다고 한다.

그러나 서복은 진시황에 비해 미천한 신분이었으나 바보는 아니었다. 그는 감언이설로 진시황을 꾀어 부를 축적한 후 불로초를 구해오겠노라고 보고한 후 그길로 줄행랑을 쳐서 한반도를 지나 일본으로 가서 말년까지 호의호식하며 살다가 죽었다고 한다.

서복은 마지막으로 진시황을 알현하고 궁을 나가자마자 '바보 같은 황제! 세상에 늙지 않고 죽지 않는 약이 어디 있단 말이야?'라고 비웃었다는 말이 구전되어 오고 있다.

과학이 발달한 오늘 날 갖가지 첨단 과학이 노화와 죽음을 연구하면서 내려지는 결론은 '인간은 늙지 않을 수 없고, 또한 죽지 않는 것은 더더욱 불가능하다'라는 것에 가깝다고 한다.

그렇게 보면 영생을 누리고 싶어 하는 진시황의 허망한 꿈을 간단하게 비웃은 서복은 세상사의 본질을 꿰뚫은 혜안을 가지고 있었음이 분명하다 하겠다. 반대로 천하를 재패하고 만백성을 두려움에 떨게 한 진시황은 많은 것을 가지고, 많은 것을 누렸으나, 인간의 근본적인 한계를 이해하지 못한 어린아이 같은 면이 있었다고 할 수 있을 것 같다.

이제 나는 여든하고도 몇 년을 더 산 인생의 막바지를 보내고 있다. 이 정도 나이라면 기력이 다 떨어지고, 삶의 정열 같은 건 흔적조차 없이 말라붙어버렸으리라고 누구나가 짐작할 것이다. 물론 아주 틀린 말은 아니다. 지금 내가 예전과 전혀 다를 바 없다고 큰소리를 치는 건 우스운 일이라는 건 잘 알고 있다. 하지만 나의 정신은 여전히 건강하다고 자신할 수 있다.

그렇다고 누구도 피해갈 수 없는 생로병사를 나만이 초월해서 살고 있다는 말은 아니다. 다만 나를 나이 들어감을 비관하고 고독에 몸부림치는 노인네로 여기지는 말라는 것이다. 나는 진시황이 그랬던 것처럼 늙음과 죽음을 어떻게든 피해보려고 안간힘 쓰는 모습을 보이고 싶지는 않다. 나는 내가 인생의 막바지에 이르렀음을 겸허히 받아들임과 동시에, 이 나이에 세상에 무언가 가치 있는 것을 하나 내 놓고 싶은 마음에 오랜 꿈이었던 집필을 시작하기로 했다.

꼭 과학의 규명이 아니더라도, 나는 오래전부터 인간의

늙음과 죽음은 아무리 억겁의 세월이 지나더라도 벗어나지 못하리라고 생각해왔다. 이 나이가 되니 가까이 지내던 벗들 대부분을 먼저 보내게 되었다. 그런데 나는 그들과 이별을 고하는 장례식장에서 전혀 슬퍼하지 않는다. 나는 오히려 그들이 무거운 짐을 벗고 자유를 찾은 것을 축하하며, 박수라도 쳐주고 싶은 심정이다.

그렇다고 내가 사후세계를 철석같이 믿어서 죽음 이후에 우리가 모르는 환희가 기다리고 있다고 생각하는 것은 전혀 아니다. 나는 사후세계에 대해 아직 아는 것이 전혀 없다. 그럼에도 먼저 간 친구를 위해 축하의 박수를 쳐주는 것은, 사후세계가 있건 없건, 육신의 짐을 벗어버렸다는 것 하나만으로도 홀가분할 것이라고 생각하기 때문이다.

이렇게 말하면 내가 사는 게 궁색해서 하루라도 빨리 삶의 고통을 벗어나고 싶어 하는 것이라고 오해하는 사람도 있을지 모르겠다. 물론 살아오면서 정말 죽고 싶을 만큼 힘들 때도 있기는 했으나, 대체로 나는 남들과 비교해서 보통 이상은 되는 현실적 삶을 살아왔다. 또한 자식들도 모두 출가하여 자기 몫의 삶을 살고 있으니 어떤 면에서는 다복한 인생이라고 말 할 수도 있을 것 같다.

내가 먼저 떠난 친구들에게 축하를 해 주는 것은 그들이 이승의 고통스러운 삶에서 벗어났다고 생각해서가 아니다. 삶이라는 거추장스러운 굴레를 벗어던지고 무한히 자유로운 대기 속으로 스며들었기 때문이다. 이만큼 살아오니 죽은 후 영혼이 되면 아름다운 음악이 어딘가에서 들리고, 천사 같은 존재가 마중 나온다는 식의 사후체험에 대해 그다지 흥미를 느끼지 못하게 되었다. 어쩌면 그것은 또 다른 업이며, 또 다른 굴레일지도 모르겠다는 것이 나의 생각이다.

나는 그보다는 드넓은 우주의 한 조각이 되어 아무 것도 들리지 않고, 아무 것도 보이지 않으며, 또한 아무 생각도 없는 무의 상태가 되어 그저 무한한 공간을 떠도는 무아의 경지가 죽음 이후의 세계일 것만 같고, 또한 그것이 내가 바라는 죽음 이후의 세계이기도 하다.

사람은 누구나가 평생에 걸쳐 더 편리하고, 더 아름답고, 더 행복한 삶을 누리려 안간힘 쓰는데, 죽어서까지 그러한 미혹을 쫓고 싶지 않다고 말한다면 내가 지금부터 하려고 하는 말의 의미를 이해할 사람이 있을까?

목차

1장. 내가 살아온 나날들

나는 가난을 벗어나기 위해서 죽어라고 일했다. 새벽에도 일했고, 낮에도 일했고 밤에도 일했다. 말이 그렇다는 것이 아니라, 실제로 밤에도 일을 했다. 농사라는 글자 중에 농(農)자가 일을 하며 노래를 부른다는 의미라고 하는데, 나는 어떻게든 잘 살아보려고 그 당시 돈벌이가 좀 된다고 들었던 조경 사업을 하느라 한밤중에 묘목을 심으며 노래를 흥얼거렸다. 일을 끝내고 지친 몸으로 터벅터벅 농로를 걸어오다 보면 오만 가지 생각이 머리를 어지럽혔다.

● 대 자연 속에 태어났으나

나는 경기도 용인군 기흥면 서천리라는 전형적인 농촌 마을에서 태어났다. 농천 마을이었고, 아버지가 농사를 지었으니 가난했던 것은 말 할 것도 없지만, 똑같은 농사꾼이라도 자기 땅이 한 뼘도 없는 소작농이었기 때문에 그중에서도 맨 밑바닥이라고 말 할 수밖에 없을 것 같다. 그뿐 아니었다. 형제는 여섯이나 되었고, 그중에서도 장손이라 굳은 일은 도맡고, 가정에 대한 책무까지 떠안아야 하는 처지였다.

나는 일찍부터 일을 하지 않으면 안 되었다. 그래도 공부를 하고 싶어 밤에는 글방에서 책을 읽었고 낮에는 농사일을 거들었다. 좋게 말하면 주경야독이고, 좀 솔직히 말하면 일찍부터 생고생을 한 것이었다.

집 안이 어렵다보니 제 때 초등학교에 입학을 못하고 나중에야 남들보다 늦은 나이에 입학했는데, 그것도 오후반에 들어가게 되었다. 그때는 교육 체계가 제대로 잡혀 있지 않은 까닭에 1학년에서 3학년으로 건너뛰고, 3학년에서 5학년으로 건너뛰어서 다른 아이들과의 나이를 맞추었다. 남들이 2년에 배우는 것을 1년 내에 따라잡으려니 배 이상으로 공부를 해야 했다. 다른 과목은 얼추 따라갈 수 있었으나 수학만은 항상 골칫거리였다.

농사일이 대부분 힘들지만, 그중에서도 논에 물을 대는 일은 정말 고역이었다. 어린 나이에 물을 퍼 올리다보면 손바닥이 갈라지고 허리가 휘청거렸다. 나는 공부가 너무 하고 싶어서 물 대는 일을 하다가 슬그머니 팽개치고 학교로 줄행랑을 치고는 했다. 엄한 아버지였으나 내가 다른 일 때문이 아니라 공부 때문에 도망간 걸 알고는 별다르게 나무라시지는 않았다.

내 딴에는 공부에 대한 열의가 왕성했으나 농사일과 병행하다보니 아무래도 남들보다 처질 수밖에는 없었다. 내 배움이 그다지 길지 못한 이유가 기본 소양이 부족해서라기보다는 어려운 환경 탓이라고 하는 것은, 그 당시 일본인이었던 담임이 내게 머리가 참 좋다고 칭찬했던 기억이 있기 때문이었다.

중학교 입학 시기가 되었을 때 나는 갈등을 했다. 그 당시 내가 살던 시골에서 중학교 입학은 소수에게나 해당되는 호사나 다름없었다. 우리 집의 경제 수준으로 보면 나 역시 진학을 포기하고 집안일이나 거들어야 했을 것이다. 하지만 막연하게나마 배움이 중요하다는 생각이 들어서 나는 수원 비행장에서 허드렛일을 하며 스스로 학비를 벌어 삼일중학교에 입학했다. 초등학교와 마찬가지로, 중학교를 다니면서도 나는 계속 일을 해야 했으므로 공부에 집중할 수가 없었다. 일과 학업을 병행 하는 게 너무 힘들어서 학업만 열심히 하는 아이들을 보면 부러워서 미칠 지경이었다.

고등학교에 진학했을 때도 집안 살림은 전혀 나아지지 않았다. 일제 치하였던 그때는 보국단이라는 부역 제도가 있었는데, 아버지는 농사일을 해야 했기 때문에 장손이었던 나를 대신 내보내고는 했다. 공부보다 당장의 생계가 더 중요했기 때문에 나는 학교를 장기 결석하고 부역을 나가서 허드렛일을 할 수밖에 없었다. 그런데 그 당시 신발이라고는 짚신이 대부분이었는데, 내가 짚신을 능숙하게 잘 만들어서 비교적 편하게 부역을 할 수 있었다.

그런데 내가 다니던 수원농고는 집에서 십리 이상 되는 먼 거리였다. 처음에는 좋아하는 공부를 할 수 있다는 생각에 힘든 것도 모르고 도보로 등교를 했으나, 얼마쯤 다니다 보니 힘든 것은 두 번째고 길에서 소비하는 시간이 너무 많다는 생각이 들었다.

그래서 자전거를 하나 구했다. 하지만 고물이나 다름없는 낡은 자전거였기 때문에 골치를 많이 썩었다. 하루가 멀다

하고 고장이 자주 났는데, 내가 손재주가 있어서 그때그때 고치기는 했으나, 워낙 고물이라서 고치는 것에도 한계가 있었다.

한 번은 갑자기 브레이크가 작동을 안 하는 바람에 논두렁으로 곤두박질 친 적도 있었다. 잠깐 정신을 잃을 정도로 큰 충격을 받았는데, 정신을 차리고 보니 자전거는 휴지처럼 구겨져 있었고, 나는 전신이 흙투성이가 되어 있었다. 여기저기 다친 몸으로 망가진 자전거를 끌고 학교를 향해 가다보니 까닭모를 서러움에 눈물이 핑하고 돌았다.

공부에 대한 열의는 넘쳤으나 공부에 집중할 수 있는 여건이 아니어서 성적은 항상 밑바닥이었다. 결국 수원농고를 그만두게 되었는데, 그래도 졸업장은 있어야 할 것 같아서 서울에 있는 한성고등학교에 재입학했다. 사실은 한성고등학교에 들어갈 실력도 되지 않았으나 당시 친분이 있던 어떤 교사분이 성적을 조작해주어 겨우 입학할 수 있었다. 일종의 위법 행위였는데, 조금 부끄러운 일화기이기는 하지만 그 정도로 배움에 대한 갈망이 강했다는 것을 밝히기 위해 고백하는 것이다.

그런데 나는 고등학교 2학년 때 생과 사를 오가는 경험을 하게 되었다. 친구 집에 놀러갔다가 그 집에 불이 나는 바람에 화염을 들여 마셔서 중태에 빠진 것이다. 아는 사람은 알겠지만 화재로 죽는 사람들의 대부분은 불에 타죽기보다는 화염을 마시고 질식사하는 경우가 많다.

화재로 화염을 마시는 큰 사고를 당했으니 모두가 죽었다고 봤고, 나 역시 이렇게 죽는구나 생각했다. 지금이야 의학이 발달해서 안 그렇지만, 그 당시만 하더라도 이런저런 병으로 일찍 죽는 아이들이 많았다. 한 집에 한 두 명 정도는 일찍 병사하는 것이 보통으로 받아들여지던 때였다.

나 역시 그렇게 희생당하는 운 나쁜 한 사람에 불과했던 것이다. 막상 죽는다고 생각하니 나에게 좋은 이야기를 해 주었던 사람들의 말이 떠올랐다. 동네의 어르신들도 나를 보면 잘될 놈이라고 칭찬해 주었고, 교사들 역시 나를 가리켜서 변씨 가문에서 가장 출세할 놈이라고 칭찬을 마다하지 않았었다. 그런 말을 들으며 자랐기에 은연중 세상으로 나아가면 뭔가 큰일을 할 것이라는 자심감이 있었는데, 큰일은커녕, 스물도 못 넘기고 죽어라 고생만 하다가 죽는다고 생각하니 억울해 미칠 지경이었다.

가족들도 다 죽어가는 나를 그냥 지켜볼 수밖에는 없는 입장이었다. 약도 없었고 병원도 없었다. 마을에 딱 한 군데의 병원이 있기는 했다. 양석환이라는 의사가 운영하는 병원이었는데, 그분이 나를 살리려 많은 노력을 해 주었으나, 나는 차도가 없었다. 그래도 어려운 시절에 대가도 변변치 않음에도 나를 위해 지극정성의 치료를 해준 그분에 대해서는 지금까지도 고맙게 생각하고 있다. 양석환 선생은 훗날 좌익 사상에 경도되어 월북을 했다고 한다.

내가 그때 죽지 않고 살아난 것은 별다른 치료를 받아서가 아니라, 영양을 보충했기 때문이었다. 내 병이 빨리 낫지 않았던 근본적인 이유는 먹을 것을 제대로 먹지 못해서 영양 상태가 나빴기 때문이었던 것이다. 그렇다고 누가 먹을 것을 따로 챙겨준 건 아니었다.

한 동네에 김용철이라는 몇 살 아래의 후배가 있었는데, 그의 도움으로 나는 뱀을 잡아먹기 시작했다. 나는 눈을 뜨면 산으로 가서 마치 땅꾼처럼 뱀을 잡는 일에 열중하기 시작했다. 그도 그럴 것이 뱀이라도 잡아먹어야 살겠다는 생각이 절박하게 들었기 때문이다.

그러다보니 어느새 나는 뱀의 습성에 대해 일가견을 갖게 되었다. 뱀들은 무더운 여름이면 더위를 피하려고 시원한 옹달샘 주위의 그늘에 모여들었고, 아침이슬이 돋는 아침녘이면 잔디밭에 모여 있었다. 나는 그 기회를 포착해서 한꺼번에 대여섯 마리씩 무더기로 잡고는 했다.

그 덕인지, 아니면 내가 아직은 죽을 운이 아니었는지, 나는 조금씩 회복되기 시작했다. 그때 나를 도와준 후배 김용철에게는 인생의 말년이 된 지금까지도 고마운 마음을 갖고 있다.

● 밤에도 일을 하다니…

이 글을 읽는 분이 비교적 젊은 세대라면 밥을 굶을 정도로 가난했던 시절의 이야기를 늘어놓으면 지겹다고 손사래를 칠지도 모르겠다. 나이 많은 사람들이 단골로 하는 이야기의 하나가 못살던 시절의 고생담이기 때문이다.

나 역시 간략하게나마 그 시절을 회고 하려고 하는데, 나이든 사람들이 배고픈 시절의 고생담을 자꾸 꺼내는 이유는 아마도 배고픔, 추위 같은 것들은 인간의 본능이기 때문이 아닐까 한다. 요즘 사람들도 여행을 갔다가 불가피하게 고생을 하고 끼니를 거르게 되면, 그 기억이 평생 잊혀지지 않을 것이다. 만일 여행지에서 생고생을 하는데, 친한 동료의 도움이라도 받았다고 해 보자. 당사자에게 그 동료는 은인으로 영원히 기억에 남을 것이다.

나이든 세대가 헐벗던 시절을 반복해서 이야기하고, 그 시절의 추억담을 자꾸 꺼내는 것은 가진 것 없던 그때의 일들이 나이 들어 경제적인 안정을 이룰수록 소중하게 기억되기 때문일지도 모르겠다.

나 역시 중년 이후부터 현재까지 경제적으로는 큰 고생 없이 살아왔는데, 기이하게도 별 걱정 없이 가정을 꾸려온 인생의 절반은 특별하게 기억나지 않는데 반해서, 배고픔과 추위에 몸서리쳤던 젊은 시절의 일들은 바로 어제의 일처럼 생생하게 떠오른다.

지금이야 먹을거리가 흔하고, 지나친 과식은 오히려 건강에 안 좋다는 인식이 널리 퍼져서 너무 많이 먹는 사람은 오히려 눈총을 받는다는데, 내가 젊을 때는 포만감을 느낄 정도로 배불리 먹어보는 게 소원이었다. 내가 사는 촌에도 비교적 잘사는 사람들은 늘 쌀밥을 먹었는데, 밥그릇에 하얀 쌀밥이 소복이 얹어진 걸 보면 부러움에 넋을 놓고 바라보고는 했더랬다.

물론 우리 집에서도 가끔은 쌀밥을 먹기는 했지만, 양껏 먹을 수 없을뿐더러, 명절이나 제사 때만 해당되었다. 보리밥이나 잡곡밥이라도 먹을 수 있으면 다행이었고, 보통 때 우리 집은 죽으로 끼니를 잇는 경우가 많았다. 혹시 하는 마음에 집으로 돌아오다가 보면 부엌에서 하얀 김이 모락모락 피어오르는 걸 발견하고는 실망감에 젖고는 했다. 죽을 쑤면 늘 김이 부엌에서 새어나왔기 때문에 오늘도 죽을 먹어야 한다는 사실이 어린 나를 실망시켰던 것이다.

그 당시는 조금만 더 나이를 먹어서 성인이 되기만 하면 이 지긋지긋한 가난의 굴레에서 벗어나 남들 보란 듯이 호강하며 살겠다고 이를 악물고 다짐했으나 인생이 내 생각처럼 술술 풀려나가지는 않았다.

19살에 결혼하여 부모님과 어린 형제들까지 14식구를 부양하려 죽어라고 농사일을 했지만 겨우 입에 풀칠할 뿐 생활의 여유란 건 찾으려야 찾을 수가 없었다.

그런 와중에 전쟁이 터졌다. 제대로 먹지도 못하고 피난을 가느라 죽을 고생을 해서 나는 건성 늑막염에 걸리고 말았다. 화재로 화염까지 들이마신 적이 있는데다가 엎친 데 겹친 격으로 건성 늑막염까지 걸렸으니 지금 생각해도 그때의 내 인생은 참으로 기구했다.

나는 국군을 보조하는 국민방위군에 편입되었다. 그래도 군대에 가면 먹을 건 해결이 되지 않겠느냐고 봤는데, 그게 아니었다. 훈련소에 가 보니 방위군 사령관이 보급물자를 죄다 빼돌려서 훈련병들은 거의 모두가 영양실조에 걸릴 지경이었다. 처음에는 입대를 하면서 소지했던 얼마간의 돈으로 연명했으나 그것이 바닥나자 굶어죽을 위기에 처하고 말았다.

군대 훈련소에서 굶어죽을 위기에 처했다면 이해가 안 된다는 사람들도 있을 텐데, 그 당시는 그 정도로 부패가 만연해 있었다. 특히 군대 지휘부는 양심적인 몇 명의 지휘관을 제외하고는 썩을 대로 썩어서 기회만 되면 물자를 빼돌려서 일반 병사들이 죽을 고생을 하게 만들었다.

나는 도저히 이런 상황에서는 국가에 대한 의무를 다하는 게 불가능하다고 판단하고 탈영을 감행했다. 나중에 방위군이 아닌 정식 국군으로 입대를 할 생각이었다.

처음에는 부산의 부둣가에서 막일을 했는데, 경험이 없다 보니 실수로 손가락 마디 하나가 절단되는 사고를 당하고 말았다. 지금도 마디 하나가 없는 새끼손가락을 바라보노라면 처참했던 그 시절이 떠오르고는 한다.

그때 부산에는 먼 친척 한 분이 마도로스로 외국을 돌아다녀서 집을 비워두고 있었는데, 우선 기거할 곳이 다급했던 나는 염치 불구하고 그 집에 들어가서 묵기로 했다. 하지만 어려서부터 남에게 신세 지는 일을 죽기보다 싫어했던 나는 사나흘이 지나자 도무지 양심에 가책이 되어 더 있을 수가 없었다.

나는 고향의 집으로 돌아가서 때가 되면 정식으로 군대에 입대하기로 하고 고향행 기차에 몸을 실었다. 그런데 집이 있는 수원 일대는 중공군과 아군의 교전이 치열한 곳이었다. 서로 뺏기고 빼앗기고를 대여섯 번은 반복했는데, 다행히 내가 고향에 도착했을 때는 아군이 탈환을 했던 때였다.

나는 집이 바라다 보이는 언덕에 서서 집 쪽을 바라보기만 했다. 아무래도 전쟁 중에 식구들이 변을 당했을 것만 같아서 발걸음이 떼어지지가 않았다. 가족들이 사고를 당했다는 걸 알게 되면 그 충격과 슬픔을 감당할 수가 없을 것 같았던 것이다.

석양이 뉘엿뉘엿 해 질 때까지 그 자리에 우두커니 서 있자니 집 근처에 사람의 기척과 발자국 소리가 들려왔다. 나는 그제야 반가운 마음에 집으로 뛰어갔다. 다행히 식구들에게는 아무 일이 없었다. 중공군과의 전투가 치열했을 때 아버지는 내가 권유했던 대로 공주로 피난을 갔다가 아군이 탈환하자 다시 집으로 돌아오셨다고 한다.

그런데 내가 집으로 돌아온 후 얼마 지나지 않아서 북한의 인민군이 아군을 몰아내고 수원 일대를 점령하게 되었다. 그래서 우리 마을은 공산 치하가 되고 말았다. 나는 지금이나 예전이나 이념적으로 철저한 반공주의자지만 목숨을 부지하려면 인민군의 지시에 복종할 수밖에 없었다. 나는 좌익 단체인 '보도연맹'에 가입하고 그들이 급조한 시설에서 공산당 교육도 받았다. 혹시라도 의심 받을까 봐 나는 누구 못지않은 열렬한 공산주의자 시늉을 했다. 김일성 장군에 대한 찬양도 앞장서서 했고 공산주의에 대한 찬양도 열심히 했다. 인민군들에게 나는 진짜 투철한 공산주의자로 보였을 것이다.

하지만 나는 비밀리에 지하 반공 조직인 '대한백호단'에 가입해서 게릴라 활동을 했다. 나는 보도연맹에 가입했었기 때문에 인민군의 계획을 어느 정도 알고 있었는데, 그들의 계획 가운데는 우익 인사들과, 우익인사들을 도운 유지들을 살해하려는 것이 있었다. 아직 젊은 나이였으나, 그분들이 양심적인 사람들이었음을 알고 있는 나는, 무슨 일이 있어도 그들의 처형을 막아야겠다고 생각했다. 지금 생각해보면 정말 목숨을 내건 결심이었다.

나 자신이 지독하게 가난한 환경에서 자랐고 여러 가지 사회의 부패상을 많이 목격했기 때문에 좌익 사상에 경도될 법도 했으나 그들의 이론이라는 것이 매우 복잡했고, 좌익 지식인들의 하는 말들이 교묘하게 사람을 선동한다는 생각이 들어서 심정적으로 동조가 되지 않았다. 그에 반해서 우익 인사들은 단순하지만 인간적인 면모가 느껴져서 애착이 생겼던 것 같다.

나와 뜻을 같이 사람이 황정동이라는 사람이었는데, 이 사람은 원래부터 재주가 있는 사람이었다. 글씨를 명필로 잘 쓰는 사람이었고, 도장을 파면 누구도 흉내 낼 수 없을 정도로 정교해서 사람들을 놀라게 했다. 황정동씨는 대한백호단을 이끌면서 유인물을 작성해 주민들에게 뿌리기도 했고, 그 외에 여러 가지 반공 활동을 펼쳤다. 하지만 황씨의 경우 계획을 세우고 유인물 작성 같은 일을 주로 해왔기 때문에 아무래도 실제 행동은 내가 주도해야 했다.

나는 우익 인사들을 보호하기 위해 지하에 굴을 파고 입구를 아름드리나무로 봉쇄한 후, 그들을 그곳에 피신시켰다. 그 덕에 우리 마을에서는 우익 인사들이 대량으로 참변을 당하는 일을 막을 수 있었다.

그 후 아군이 수원 일대를 수복하고 종전이 되었을 때 나는 보도연맹에 가입했던 전력 때문에 혹시 공산주의자가 아니냐는 의심을 받기도 했었는데, 그때 나로 인해 목숨을 구한 우익 인사들이 진실을 밝혀 주어서 오해를 풀 수 있었다.

그리고 얼마 후 나는 정식으로 군대에 입대했다. 하지만 군대 생활은 평탄하지 않았다. 육군 3사단에 입대했는데, 그 당시 군대 지휘부에는 부정부패가 만연해서 장교들과 매일이다시피 싸움을 벌였다. 정말 지겨울 정도로 싸우다가 탈영을 한 적도 있었다. 종전 후 어수선할 때라서 유야무야 넘어갔지, 안 그랬으면 영창 신세를 져야 했을 것이다.

한 번은 보급품을 떼어먹는 부정을 저지른 장교와 대판 싸움이 붙었다. 그가 먼저 부정을 항의 하는 내게 주먹질을 했다. 나 역시 한참 혈기왕성할 때라서 그에게 몽둥이찜질을 했다. 나는 그가 엎드려서 빌 때까지 흠씬 두들겨 패 주었다. 나중에 상부에서 이 일을 조사해보았는데, 그 보급 장교의 부정이 확실히 드러나서 내게는 피해가 없었고, 그는 전출을 가야했다.

내가 정의감이 유독 강하다는 소문이 부대 내에 돌면서 연대장들이 여름방학이면 나를 아이들의 가정교사로 근무하게 해 주었다. 말단 보병으로 훈련을 받을 때와 비교하면 천국에서나 다름없는 편한 생활이었다. 특히 부식이 잘 나와서 거의 매일 소고기와 돼지고기를 먹을 수 있었다.

젊은 시절의 나는 상대가 아무리 힘이 강한 자라고 하더라도 불의라고 생각하면 목숨을 내 걸고 싸움을 벌였다. 그래서 부정과 차별이 만연해 있던 장교들은 나를 골칫덩어리로 여겼다.

제대를 할 때 나와 자주 싸웠던 한 장교가 내게 말을 건네던 일이 아직도 기억에 남아 있다.

"나한테 지겹게 덤비더니, 이제 제대 하냐. 나 인천 사는데, 언제 만나면 술이나 한 잔 하자."

지겹게 싸웠지만 막상 헤어지자니 서운한 감정이 들어 나역시 웃으며 그의 손을 맞잡았다. 그는 내가 부대를 나갈 때까지 배웅해 주었다. 그로부터 60년 이상 지난 지금 그때를 회상하자니 모든 것이 꿈만 같다. 물론 그때의 나는 가진 것 없고, 출신 배경도 보잘 것 없었으나, 그렇다고 남에게 굽실거리며 살지는 않았다. 나는 오뚝이처럼 찍어 누르려고 하면 할수록 더 강하게 일어서려 했고, 상대가 어떤 인물이건 간에 불의를 강요하면 죽음을 불사하고 맞서 싸웠다.

제대하고 다시 집으로 돌아왔지만 생활이 달라진 건 없었다. 아버지를 뒤이어 농사를 지었는데, 새벽부터 밤까지 손바닥이 갈라지도록 일을 해도 겨우 목구멍에 풀칠을 할 수 있을 정도였다. 지금보다 농사 환경이 훨씬 열악했던 그 당시는 모든 것을 하늘에 맡길 수밖에 없었다. 가뭄이 들면 농토가 말라붙어 씨조차 뿌리지 못했고, 홍수가 나면 애써 가꾼 농작물을 물살에 떠내려 보내야만 했다.

정말 한스러운 나날들이었다. 하루에도 몇 번씩 농사일을 때려치우고 싶었으나, 당장 식구들을 부양해야 하는 처지였기 때문에 옴짝달싹 할 수가 없었다. 죽으나 사나 농사일을 천직으로 받아들여야만 했다.

나는 가난을 벗어나기 위해서 죽어라고 일했다. 새벽에도 일했고, 낮에도 일했고 밤에도 일했다. 말이 그렇다는 것이 아니라, 실제로 밤에도 일을 했다. 농사라는 글자 중에 농(農)자가 일을 하며 노래를 부른다는 의미라고 하는데, 나는 어떻게든 잘 살아보려고 그 당시 돈벌이가 좀 된다고 들었던 조경 사업을 하느라 한밤중에 묘목을 심으며 노래를 흥얼거렸다.

일을 끝내고 지친 몸으로 터벅터벅 농로를 걸어오다 보면 오만 가지 생각이 머리를 어지럽혔다. 나는 왜 이 고생을 하고 있는가. 이것이 내 운명이란 말인가. 조상들이 그랬던 것처럼 나도 죽을 때 까지 고생만 해야 하는 팔자란 말인가.

그때는 내 인생에 서광이 비칠 줄은 꿈에도 예상 못했다. 아무리 생각해도 평생을 고생만 하다가 사라지는 것 외에는 달리 길이 보이지 않았던 것이다.

● 꿈에 그리던 성공이 내 손 안에…

건답직파가 무엇인지를 물으면 요즘 사람들은 전혀 금시
초문이라고 대답할 것이다. 또, 농사기술이 발달한 근래에
는 굳이 건답직파라는 농사법이 필요 없기 때문에 지금은
사멸한 농사 기술이라고 할 수 있을 것이다.

건답직파는 내가 최초로 개발한 획기적인 농사 기술이다.
60년대와 70년대 초까지만 하더라도 농사일은 하늘에 모든
것을 맡기는 방식이었다. 운 좋게 날씨가 농사에 적합하면
그해에는 풍년이 드는 것이고, 반대로 날씨가 농사일과 부
합하지 않으면 대흉년이 발생할 수밖에는 없었다. 농사 경
험이 없는 도시 사람들은 그냥 봄에 씨 뿌리고 가을에 수확
하면 되는 게 아니겠느냐고 생각하겠지만, 그 당시만 하더
라도 봄 가뭄이 닥치면 씨를 뿌리지 못하는 경우가 허다했
다. 긴 가뭄 때문에 땅이 푸석푸석하게 말라붙으면 씨를 뿌

릴 수가 없기 때문에 농사 자체가 불가능했다. 여름이 되면 비가 많이 와서 물이 풍부해지지만, 봄에 씨를 뿌리지 않았기 때문에 아무 소용이 없게 되는 것이다.

지금 그 시절을 돌이켜보니 참으로 무기력하고 수동적이었다는 생각이 든다. 농촌의 농부들은 까마득한 과거의 조상들이 해 왔던 대로 농사를 지었기 때문에 가뭄이 들어도 하늘 탓이니 어쩔 수 없고, 홍수가 나도 하늘 탓이니 어쩔 수 없다고 생각했다. 그러한 관습이 근대화된 1960년대까지 계속 이어져 내려온 것이다.

사실 내가 건답직파라는 농사 기술을 개발한 것은 정부의 토지 분배 정책과 밀접한 관련이 있다. 그때까지만 하더라도 나는 조상의 뒤를 이어서 남의 땅으로 농사를 짓는 소작농이었다. 아무리 고생을 해서 농사를 지어도 결실의 상당 부분을 지주가 차지하게 되니 의욕이 생기지를 않았다. 사람이 아무리 훌륭한 재주가 있더라도 남의 밑에서만 일하면 한계가 있는 법이다. 우선 자기 뜻대로 재주를 펼칠 수 없을뿐더러, 아무리 결과가 좋더라도 윗사람이 결실의 대부분을 차지하기 때문이다.

그런 면에서 이승만 정부의 토지 분배 정책이 나 같은 사람에게는 하늘이 내린 기회가 되었다. 물론 그렇다고 공짜로 땅을 나누어 준 건 아니고, 정부 측에 해마다 얼마씩 갚아야 했지만 지주에게 바치는 것과는 비교가 되지 않을 정도로 부담이 적은 것이었다.

　나는 이 기회에 어떻게 해서라도 가난을 벗어나겠다고 결심을 하고 여러모로 계획을 짰다. 그때도 과학 영농이 중요하다고 많은 사람들이 말은 했으나, 배운 게 적은 농부들에게는 엄두가 나지 않는 말이었다. 그나마 다행이었던 건 내가 수원농고와 수원농대에 적을 둔 적이 있었다는 사실이다. 가난 때문에 학업에 전념하지는 못했으나 학업 경험이 전혀 없는 다른 사람과 비교해서는 비교적 과학 영농에 대한 관심과 이해가 있었다고 할 수 있을 것이다.

　나의 건답직파는 이때 창조된 것이다. 가뭄이 들어 마른 땅에 씨를 뿌리는 농사법은 단순함에도 그때까지 아무도 생각해내지 못한 영농법이었다. 앞에서도 밝혔지만 그 당시는 봄 가뭄이 길게 들면 씨를 뿌리지 못해서 아무 것도 수확을 할 수가 없었다. 나는 젊은 시절 어설피 배운 과학 영농 기술을 총동원해서 마른 땅에 씨를 뿌리는 기구를 개발했고, 오랜 연구 끝에 실천을 해 보았다.

　가뭄이 들면 그냥 넋 놓고 있을 수밖에 없는 그때의 상황에서 마른 땅에 씨를 뿌리는 나를 주위 사람들은 이상하게 생각했다. 하지만 나는 반드시 될 것이라는 확신에 차 있었다. 마른 땅에 씨를 심으면 7월이나 8월경에 네 잎에서 다섯 잎 가량의 싹이 나온다. 그런데 우리나라는 봄에는 물이 귀한 데 반해서 7월8월경에는 불필요하게 비가 많이 오는

31

편이다. 바로 그 불필요한 물을 끌어다 농사에 이용하면 잎이 일취월장하여 하루가 다르게 쑥쑥 자라게 된다. 이것이 바로 내가 개발한 건답직파 영농법이었다.

단순한 방법이었으나 그때까지 아무도 시도를 해 보지 않은 방법이었다. 결과는 대성공이었다. 가을이 되자 다른 농토는 비어 있는데 반해서 건답직파 영농법으로 씨를 뿌린 나의 농토는 황금 이삭이 누렇게 바다처럼 펼쳐졌다. 지금도 그때의 감격을 생각하면 눈시울이 뜨거울 정도다. 그때 내 나이 갓 마흔을 넘겼을 때이다. 평생을 가난에 신음하던 내게 난생 처음으로 잘 살 수 있다는 자신감이 생겼다.

벼농사뿐 아니라 수박 농사로도 나는 큰 수익을 거두었다. 그때 내가 살던 곳에서는 수박을 심을 생각을 안 했는데, 나는 수박을 심으면 잘될 것이라는 확신이 들어서 시도를 해 보았고, 그 결과 큰 성공을 거두게 된 것이다.

이상하게 그때부터 하는 일 마다 잘되어 갔다. 수박 외에도 고구마를 심어서 큰 성공을 거두었고, 송아지를 사서 황소가 되어 내다팔면 소 값이 올라서 그 돈으로 땅을 샀는데, 시간이 흐르자 그 땅이 도시계획에 편입되면서 큰돈이 되었다. 나 자신도 많은 노력을 기울였지만, 마치 하늘이 내 마음을 알고 있기라도 한 것처럼 모든 일이 마음먹은 대로 풀려나가기 시작했으니 운도 따랐다고 볼 수 있을 것이다.

건답직파라는 영농법으로 나는 명예도 드높아졌다. 사람

들은 앞다투어 내가 개발한 건답직파를 배워서 농사를 지었고, 동네 어른들은 혼자 힘으로 건답직파에 필요한 기구를 개발한 나를 큰일을 해 냈다고 칭찬했다.

나의 건답직파가 퍼져서 내가 살던 용인군(지금의 용인시)은 전국에서 수확량 1위를 기록하기도 했다. 또한 그 덕으로 당시 용인군수가 중앙정부에 영전되는 영예를 누리기도 했다. 용인군뿐 아니었다. 그때가 박정희 대통령이 농촌에 새마을 운동을 보급할 때였는데, 전국에 건답직파 영농법이 보급되어 식량 자급에 큰 도움이 되었다. 정부에도 나의 이름이 널리 알려져 나는 군수의 방문을 받기도 했고, 관공서에 가서 많은 사람들을 상대로 강연을 하기도 했다.

그 시절을 회고하면 지금도 벅찬 감동이 느껴진다. 땅 한 평 없는 소작농 출신으로 가난에 진저리치던 내가, 난생처음으로 남 못지않게 잘 살 수 있고, 나아가서 부를 누릴 수 있다는 자신감으로 충만해진 시기였다.

그 후 나의 인생은 순풍에 돛단 듯이 별다른 사고 없이 좋은 방향으로 흘러갔다. 슬하에 4남매를 두었는데, 모두 출가하였고, 모두가 사회에 진출하여 그 나름의 역할을 잘 수행하고 있으니, 어떤 면에서 나는 복이 많은 사람이라고 할 수 있을 것 같다.

● 더 넓은 세상이 그리워

이렇게 글로 풀어내니 별 것 아닌 것 같은데, 사실 가난한 농사꾼이 농사로 성공한다는 건 하늘의 별따기 만큼이나 어려운 것이 현실이다. 그 당시 자수성가한 사람은 서울로 가서 무언가를 일구어낸 경우가 대부분이지, 나처럼 농업에서 기반을 닦은 사람은 거의 없다고 봐야 할 것이다.

요즘도 도시에 나가서 출세한 사람들이 고급 승용차를 몰고 고향에 오면 금의환향이라고 하여 주목을 받는다는데, 나는 내가 자란 곳에서 대를 이어온 농업으로 성공을 했으니 마을 사람들로부터 받는 존경의 깊이가 서울에서 출세한 사람과는 다른 것이었다.

게다가 건답직파의 보급으로 마을 전체의 부를 향상시켰으니 모두가 나를 범상치 않게 대우해 주었다. 농촌 지도소는 농촌을 지도 하고 농업을 개량하는 기관인데, 오히려 그네들이 나를 찾아와 궁금한 것을 묻고 가고는 할 정도였다. 나는 마을의 존경 받는 유지가 되어 마을의 대소사를 돌보고 서로 간에 불상사라도 생기면 중재하는 역할을 맡게 되었다.

그런데 세월이 흘러 나이가 쉰 줄에 접어드니 내가 접하고 보아온 세계와는 다른 세계에 대한 호기심이 생겼다. 물론 농사를 짓는 일도 보람되기는 하지만, 기왕 좋은 시대에 태어났으니 무엇이 옳은 것이고, 무엇이 새로운 것인지 알아보고 싶은 마음이 생겼다. 쉽게 말하면 뒤늦게 학구열이 생긴 것이다.

내가 특별히 관심을 가진 분야는 역사와 동양철학이었다. 앞에서도 잠깐 밝힌 바 있지만 나는 어려서도 수학이나 과학 같은 이공계 학문보다는 국어나 국사 같은 인문학에 적성이 더 잘 맞았다.

나는 이곳저곳을 다니다가 명동 성당 근처의 한 철학관을 자주 방문하게 되었다. 처음에는 그곳이 사람의 운명을 잘 푼다기에 몇 번 찾아갔는데, 나중에 보니 그곳을 출입하는 사람 가운데는 대학 교수도 있었고, 경찰 서장도 있었으며, 현 국정원의 전신인 중앙정보부의 간부도 있었다. 나는 농촌에서 큰 성공을 거두기는 했지만 그들처럼 내세울만한 직책을 가진 게 아니어서 소개를 부탁받으면 늘 이렇게 대답하고는 했다.

"저는 그저 시골의 농부 출신으로, 논두렁 문화에 관해 일가견을 지니고 있을 뿐입니다."

그곳을 출입하는 사람들은 대부분 내로라하는 직책을 지닌 사람들이어서 논두렁 문화라는 것에 관해 낯설어 했다. 그래도 그들과 잘 어울리게 된 것을 보면 나 자신의 타고난 품성이 천박하지는 않았던 모양이다. 왜 이런 말을 하느냐 하면, 그곳은 누구나가 출입할 수 있는 자유로운 곳이기는 했으나 심성이 지나치게 괴팍하고 야박한 사람은 뒷말이 생겨서 나중에는 스스로 발길을 끊을 수밖에 없었기 때문이다.

최근에 어느 커피숍에서 잠깐 차를 마시는데, 그곳에는 따로 차 주문을 받는 종업원이 없었다. 서양식이라서 그런지는 모르겠으나, 차 주문을 받는 종업원이 없다면 차를 마시지 않고 그냥 자리만 차지하다가 가 버리면 어쩔까 싶은 생각이 언뜻 들었다. 하지만 그것은 나의 지나친 노파심이었다. 그 커피숍을 출입하는 사람들 간에는 보이지 않는 룰이 존재해서 굳이 누가 주문을 재촉하지 않아도 차 한 잔 정도는 마시는 게 예의라고 모두가 생각하고 있는 것이다.

내가 사회와 사람들에 대해 생각하고 있는 것도 그런 보이지 않는 룰이라고 말 할 수 있을 것 같다. 서로를 존중하고 이해하는 좋은 분위기가 유지되려면 규정되지 않는 보이지 않는 룰을 잘 지켜야 한다고 생각한다. 그 철학관에서 만난 사람들 사이에도 그러한 보이지 않는 룰이 있었다고 생각한다. 그것이 인간 사회의 기본이라고 생각하는데, 그것을 지키지 않는 사람이 생기면 모두가 불편해지게 되는

것이다. 나는 평생을 농촌에서 농사만 지어온 사람이기는
했을지언정, 세상에는 누가 강요하지 않아도 지켜야만 하는
도의가 있어야 한다는 걸 잘 알았기 때문에 어느 자리에서
나 대우를 받을 수 있었던 것 같다.

　나는 아직 미천하다는 생각에 내 주장을 밝히기보다는 다
른 사람들의 생각이 어떠한지를 경청하는 일이 많았다. 그
때부터 나는 수첩을 늘 소지하고 다니며 중요하다고 생각하
는 내용들은 일일이 기록을 해 두었다. 글을 쓰는 습관은
그때부터 생겼던 것인데, 지금 이렇게 책을 내기 위해 집필
하는 것으로 이어지게 되었다.

　지금 그곳 사람들에 대한 소회를 간단히나마 피력하자면,
모두가 진실하고 점잖은 사람들임은 분명하고, 그들 나름의
주관도 있기는 했으나, 시대를 앞서 가는 선구자적인 정신
은 좀 부족했던 게 아닌가 싶기도 하다.

　그분들에게는 대단히 미안한 이야기가 되겠지만, 대부분
이 학계에만 있던 분들이어서 사고의 폭이 넓지를 못하다고
보았다. 예나 지금이나 나는 우리나라의 선조가 활발하게
활동한 주무대는 광활한 중국 대륙이라고 생각하기 때문에
학자들이 좀 더 대국적인 시각으로 사회와 문화를 바라보았
으면 좋겠다고 늘 아쉬워했다.

　지금 대륙을 다시 되 찾자고 한다면 상당히 허황된 주장
이라는 건 잘 알고 있으나, 그 당시 대륙을 누비던 선조들

의 정신만은 계승하는 게 옳지 않은가 생각했던 것이다.

그런데 대부분의 지식인들은 어느 책에서나 볼 수 있는 평이한 이론만 반복할 뿐 살아있는 생생한 지식은 찾아볼 수가 없었다. 물론 워낙 역사적으로 수난을 많이 받으며 살아온 나라이니 생각이 좁아질 수밖에 없음도 이해는 가지만, 이제 자라나는 세대에게 힘을 북돋기 위해서라면 천하를 재패하고 중화족을 두려움에 떨게 했던 선조들의 기상을 후대들에게 전수해 줄 의무가 있다고 나는 생각했다.

내가 요즘 사람들에게 자주 하는 말이 하나 있다.

"이론은 더 이상 필요가 없습니다. 지금 우리에게 중요한 것은 실천이며, 결과입니다."

내가 이 말을 자주 하는 이유는 여러 해 동안 각계각층의 다양한 지도층들과 교류하면서 지금 우리에게 중요한 것은 이론과 말이 아니라 실천과 결과라고 보았기 때문이다. 텔레비전의 토론 프로그램을 보고 있노라면 답답한 생각이 들 때가 자주 있다. 각기 다른 편으로 나누어져서 갑론을박의 토론을 무한정 펼치지만 정작 중요한 알맹이는 어디에도 없는 듯 하다.

만일 지금 당장 우리가 외침을 당했다고 해 보자. 적이 수도 서울 목전에까지 다다라서 국가의 존립이 위태로운데, 누가 옳고, 누가 잘했고를 가지고 토론이나 한다면 어떤 결과가 나오겠는가? 지금 우리에게는 잘잘못을 가리는 논쟁을 하는 게 중요한 게 아니라, 세계 속으로 뻗어나가는 기상과 실천력이 필요한 것이다.

내가 과거에 전답직파를 실천하여 성공했을 때도 그와 같은 일이 벌어졌다. 사람들은 눈앞의 성공을 보고도 믿지를 않았다. 또한 말로 아무리 잘 설명을 해도 선뜻 실천을 하려고 하지 않았다. 나는 답답한 마음에 사람들에게 말했다.

"내가 알려준 대로 해 보십시오. 반드시 좋은 결과가 있을 것입니다. 만일 내가 지시한 대로 했음에도 작황이 좋지 않다면 내 재산 모두를 내 놓겠습니다."

그제야 사람들은 반신반의 하는 태도로 건답직파 농법을 농사에 도입했다. 물론 결과는 대성공이었다. 앞에서 밝힌 대로 나의 계도로 인해 내가 살던 용인군은 전국에서 작황량 1위를 기록하는 영예를 누렸다.

오십 줄에 들어서서 세상 구경이나 하려고 많은 지식인들을 만나본 소회도 그때와 다르지 않다. 여러 가지 이론과 말들이 난무하지만 그런 것들이 백성들의 피부에 와 닿는 유익한 내용인지에 대해서는 의문이 들었다.

그래서 나는 몇 해 전부터 외지 방문을 가급적 삼가하고 수원의 조그마한 사무실에 머물며 따로 공부를 하고 있다. 여든을 훌쩍 넘긴 나이에 무슨 공부냐고 생각하는 사람도 있겠으나, 배우는 것에는 나이가 따로 있는 게 아니고, 이 나이에도 하루하루 새로운 것을 배우고 익히는 게 즐거우니 그것으로 그만이 아닌가 한다.

● 남은 인생은 구속 받지 않고 살려고…

내가 노인정 회장을 맡았을 때의 일이다. 내가 사는 곳에서는 몇 손가락 안에 꼽힐 정도로 안정된 생활을 하게 된 나는 내가 태어나고 자란 마을을 위해 봉사를 하고 싶었다. 그 당시 노인정이 초라하고 낡은 것이어서 새롭게 건축을 하는 게 좋겠다는 생각이 들어 그때 돈 몇 천만 원 가량의 적지 않은 돈을 내 놓고 관청의 도움을 요청했다.

여러 가지 복잡한 사연은 있으나 관청으로부터 얼마간의 도움을 받고, 또 주민들의 성금과 독지가의 기부로 괜찮은 시설의 노인정을 새로 지을 수 있었다.

그것도 30년 가까이 지난 옛날 일이어서 그간 노인정 건물이 상당히 낙후되었는데, 관청에 리모델링을 요청했더니 차일피일 미루기에 화가 나서 노인네 다운 성질을 좀 부려 봤다.

"우리 노인정에는 공무원도 오지 말고, 군수도 오지 말고, 국회의원도 오지 말고, 시의원도 오지 마시오!"

　말은 그렇게 했으나 내가 우리나라 정부를 미워해서는 아니고, 그래도 살다보니 성질이라도 부릴 곳은 정부 밖에 없다는 생각에 그리 한 것이었다. 정말로 미운 사람이나, 미운 조직이라면 아예 말조차 건네지 않는 것이 인지상정이다. 가끔 나이든 사람들이 정부의 정책이나 대통령의 정치에 관해 핏대를 세우고 비판을 하는 경우가 있는데, 사실은 그것이 다 애정이 베어 있기 때문이지, 정말로 미워서는 아니라는 걸 알아주었으면 좋겠다. 참고로 우리 노인정에는 최근 적지 않은 예산이 배정되어 보기 좋게 리모델링이 되어 있다.

　노인정 회장을 맡았을 때 처음에는 다른 노인들과 어색하고 서먹했으나 나부터 마음을 열고 대화를 시도하니 나중에는 화합이 잘 되었다. 내가 근 30년 가까이 노인정 회장을 맡게 된 것은 나로 인하여 노인정 분위기는 물론이고, 마을 전체가 평화롭고 안정되었기 때문이라고 생각한다.

　그런데 노인들이 대부분 돈에 관해 참으로 인색하다는 걸 알게 되었다. 물론 너무나 못 살고 못 먹던 시절을 살아오다보니 돈에 대한 집착심이 유달리 심할 수밖에 없는 사정도 이해는 하지만, 사람의 인생이 아무리 길어봐야 백년도 못되는데, 그리 인색히 살면 나중에 후회나 하지 않을까 싶은 생각이 들었다.

나는 노인들의 마인드를 좀 바꿔야겠다는 생각이 들어 그들을 모아 놓고 듣기 싫지 않은 말투로 설득을 좀 해 보았다.

"사람이 살면 얼마나 삽니까. 사람은 포물선처럼 살아야 합니다. 인생의 오르막에서는 열심히 돈을 벌고, 내리막에서는 잘 쓰면서 살아야 합니다."

물론 내가 설득한다고 그네들의 삶의 태도가 갑자기 변할 리는 없다고 생각하지만 그래도 마을 분위기는 그전과 비교해서 눈에 띄게 좋아졌다. 철이 바뀌면 나의 주도 아래 좋은 곳으로 관광도 다녔고, 취미 활동도 열심히 해서 우리 노인정이 사물놀이 대회에 나가 1등상을 타기도 했다.

사람이 살면서 너무나 어수룩하게 빼앗기기만 해서도 안 되겠으나, 너무나 앞뒤로 꽉 막혀서 도무지 인생을 즐길 줄을 모른다면 그것은 더더욱 어수룩한 인생이 아닌가 생각한다.

나는 소작농의 맏이로 태어난 온갖 고생을 다 하다가 중년에 이르러 살만해졌기에 어려운 사람의 입장도 이해하고, 경제적으로 여유가 있는 사람의 입장도 이해를 하는 편이다. 이런저런 경험을 두루 해 본 인생의 말년에 이르러보니 사람의 행복이란, 그 사람의 마음의 크기만큼 주어지는 것이 아닌가 생각한다.

남의 인생이 어떻게 되건 돈만 챙기면 된다는 생각으로 지독하게 사는 사람의 인생이 잘 되는 경우를 본적이 없다. 그렇게 지독하게 살면 당장은 이익을 볼지도 모르겠으나,

세상에는 보이지 않는 섭리라는 것이 있어서 종당에는 아무 것도 남지 않는 빈털터리로 전락하는 것을 많이 보았다.

　내가 노인정 회장을 맡아 여러 가지 일들을 벌이고 화합에 신경을 쓴 것은 내가 태어나고 자란 마을이니 내가 떠난 후에도 화합의 전통이 쭉 이어내려가기를 바라는 뜻에서 한 것인데, 과연 이러한 내 뜻을 다른 사람들이 잘 이해하고 있는지는 모르겠다.

　그것도 다 오래 지난 일이고, 지금의 나는 아무 것에도 구애 받지 않고, 누구에게도 구속 받지 않으며 자유로이 인생의 말년을 누리며 살아가려 하고 있다. 평생의 동반자였던 아내도 몇 해 전 세상을 떠나고, 아이들도 모두 제 갈 길을 가고 있으니, 어찌 보면 세상이라는 바다에 나 혼자 남아 있는 것인데, 남들은 어찌 볼지 모르겠으나, 나의 심정은 날이 갈수록 홀가분하고 편안해지니 느긋하게 살아온 날들을 회고하며 지내고 있는 것이다.

6

● 추억

인생의 말년이 되고 보니 이따금 지나간 사람들이 눈에 어리고는 한다. 하지만 시간이 흐를수록 흐릿해져서 이름은 물론, 얼굴조차도 떠오르지 않는 경우가 빈번하다. 그래도 아직 기억에 남아 있는 얼굴들이 있다.

시골에서 농사만 짓다가 더 넓은 세상으로 나아가고 싶어 명동 성당 근처의 철학관을 자주 들렀다는 이야기는 앞에서 몇 번 언급한 바 있다. 그때 그곳에서 많은 사람들을 만났는데, 그때 그곳의 사람들은 학문에만 전념하는 순수한 사람들이었다고 생각한다. 그 당시는 정치적으로나 경제적으로 우리나라가 무척 어려운 시대였으나, 그곳의 사람들 대부분은 사회의 지도층이어서 비교적 그런 문제에 덜 구애를 받았던 것 같다.

이제 막 배움을 시작한 나는 말석에 앉아 그들이 하는 이야기를 주로 경청만 했더랬다. 나의 겸손한 태도가 마음에 들었는지, 그들은 늘 나를 학인으로 대우해 주었다.

그중에서도 나를 특별하게 생각해주었던 사람이 수원농대에 적을 두었던 옥종화 교수였다. 나보다 몇 살 위였던 옥교수는 자신의 전공 분야에서도 상당히 두각을 나타냈지만, 그 외에도 인문 분야에서 상당한 지식을 갖추고 있었다.

아마도 내가 농부 출신이어서 다른 지도층과는 좀 달라 보이고, 어떻게 해서라도 새로운 지식을 배우고저 하는 열의가 보여서인지 어느 날 옥교수가 내 등을 두드려주었다.

"참, 열심히 하는군요. 대단합니다."

그렇게 인연이 시작되어 나와 옥교수는 단짝처럼 항상 많은 시간을 함께 하게 되었다. 그때가 박정희 전 대통령이 사망하고 신군부가 들어서기 직전이었는데, 한 번은 옥교수가 나를 절로 데려갔다. 그곳에서 옥교수는 그곳의 스님에게 신군부의 앞날이 어떻게 될 것인지를 물어보았다. 스님은 무척 조심스러운 어투로 빙 둘러서 대답했다.

"배가 돛을 달았는데, 사방에 갈 길이 막혀 있는 형상입니다."

옥교수와 나는 스님의 선문답 같은 대답에 의문이 생겨 구체적으로 말 해달라고 했으나, 스님은 손사래를 치며 더 이상은 묻지 말라고 했다. 하기야 신군부가 기세등등할 때였으니 말 한 번 잘못했다가 괜한 화를 당하고 싶지는 않았을 것이다.

그 스님의 말처럼 신군부가 당장 어려움을 겪은 건 아니었으나, 훗날 야당과 시민들의 저항에 밀려 불행하게 퇴진해야 했으니, 맞았다고 보면 맞았다고 볼 수도 있을 것이다. 사견이지만, 예언이라거나 운명상담 같은 것들이 좀 막연한 측면이 있는 것 같다.

그 당시 나는 건답직파를 성공시킨 뒤여서 새로운 영농법을 개발하고 보급하는 일에 관심이 많았다. 하지만 촌에서 농사만 짓던 사람이라 일을 어떻게 진척시켜야 하는 건지 잘 몰랐는데, 내 사정을 알게 된 옥교수가 도움을 자청하고 나서주었다.

옥교수가 경기도청과 용인군청에 내 소개를 해 주었는데, 결과적으로 큰 도움을 받지는 못했다. 당시의 용인군수는 난감한 얼굴로 이렇게 말을 했다.

"선생님은 어려운 시기에 큰 성공을 거두신 분인데, 정부 입장에서 도움을 드리기는 좀 어려울 것 같습니다."

군수의 말은 내가 다른 사람에 비해 넉넉한 입장이니 정부 도움을 받기보다는 스스로의 힘으로 문제를 해결해 주기를 바란다는 것이었다. 그의 눈치로 보아서는 오히려 내가 나서서 군청에 도움을 주었으면 하는 것 같았다.

지금 생각해보면 좀 아쉬움이 느껴지는 측면이었다. 물론 내가 다른 이웃들에 비교해서는 성공한 부농이었으나, 과거에 건답직파를 성공 시키고 보급했듯이 만일 정부에서 나를 조금만 밀어주었더라면 국가적으로 보다 많은 기여를 할 수 있었으리라는 것이다.

어쨌거나 여러 면에서 내게 도움을 주고 싶어 했고, 인품도 좋았던 옥종화 교수가 기억에 많이 남아 있다. 그 후 교류가 끊어져서 소식을 모르고 있는데, 나보다 몇 살 위였으니 아마 지금은 이 세상 사람이 아닐지도 모르겠다는 생각을 한다.

그 외에도 그 무렵 그곳에서 만났던 여러 사람들의 소식이 궁금해지지만, 일부러 소식을 알아보지는 않고 있다. 내 또래거나, 나보다 위였다면 상당수가 이미 고인이 되었을 가능성이 높고, 또 설령 그렇지 않더라도 인생의 막바지에 이르렀을 테니, 구태여 말년의 모습을 타인에게 드러내고 싶지는 않을 것이기 때문이다.

지금은 모두가 지나간 추억들이다. 나도 사람인이상, 지나간 사람들을 모두 좋게 기억할 수는 없겠으나, 나는 남을 탓하는 성격이 아니기 때문에 나쁜 기억은 되도록 잊으려 하고 좋았던 것만 남겨두려고 한다.

7

● 나의 요즘

 평범한 우리네 보통 사람들의 행복이란 큰 고난 없이 인생을 살면서 아이들이 모나지 않게 자라서 제 역할을 다하는 것을 바라보며 늙어가는 것이 아닌가 한다. 그런데 나이가 여든을 넘기고 보니 그 마저도 모두 지난 한 때의 즐거움이 되어가는 듯 하다.

 한 때는 남과 치열하게 경쟁도 해봤고, 나보다 더 나은 사람을 보면 질투심에 사로잡힌 적도 있는데, 이제 생각해 보니, 그런 것들이 나에게 별 도움이 되지 않았다는 생각이 든다. 생각이 그리 흐르다보니 세상에 별난 일이라는 것에도 그다지 감흥을 느끼지 못하고, 그저 낡은 카세트로 음악을 들으며 조용히 공원에서 사색하는 것보다 더 나은 즐거움을 찾지 못하게 되었다.

 사람은 누구나가 남에게 빼앗긴다거나, 승부에서 패배하는 것을 죽기보다 싫어하는데, 빼앗기지 않으려고, 지지 않으려고 아등바등 대는 삶과 오래 담을 쌓고 살아오다보니, 흔들리지 않고 내 갈 길을 가게 되는 것 같다.

어쩌면 이제야 정말로 내가 원하는 삶을 살 수 있을 것 같은 심정인데, 나이가 이렇게 되었으니, 아쉽기도 하다. 하기야 늦게라도 진정한 마음의 안식을 찾는 이가 드물다는 걸 알기에, 이러니저러니 해도 나는 정말 복 받은 인생이라는 생각을 한다.

내가 몇 번 설명한 평화의 촌이라는 것을 상당수의 사람들이 전혀 이해 못하고, 왜 그런 일에 정열을 낭비하는지 의아하게 생각할지도 모르겠다. 평화의 촌은 돈을 벌기 위한 사업도 아니고, 명예를 추구하는 사업도 아니며, 사회봉사활동도 아니다.

평화의 촌은 내가 살아오면서 하나하나 버렸던 것처럼, 구성원들이 가진 것을 모두 버리고 새로운 출발을 하자는 것이다. 옹달샘 주변의 이름도 없는 작은 꽃들처럼, 표 나지 않고, 소리 지르지도 않으면서, 오래도록 그 자리에 피어 있기를 바라는 마음으로 나는 평화의 촌을 계획하고 있는 것이다.

꼭 평화의 촌뿐만이 아니라, 내가 지금 지향하고 있는 삶의 방향이라는 것이 그러하다는 것이다. 세상에는 정보가 넘쳐나고, 읽어야 할 책도 많고, 유흥거리도 많은데, 그런 것들이 나빠서 거리를 두겠다는 뜻이 아니라, 이제는 아무 것도 없는 무의 상태로 있고 싶다는 것이다.

어느 때부터인가 나는 내 속에 무엇인가를 채우기보다는, 하나하나 버리는 삶을 살기 시작했는데, 이제는 거의 모두 비워져가는 것 같은 느낌이 든다. 그저 홀가분하게 내 발로 걸어가고 싶은 곳을 가고, 듣고 싶은 음악을 들으며 태양 아래서 마음껏 사색을 하니, 생각이 맑아지고 거릴 낄 것이 없어지게 되었다.

사무실에서 나와 공원으로 향하는 도로를 걷다보면 나를 아는 시장 상인들이 인사를 건네 오는데, 나 역시 가벼운 마음으로 응대를 하니, 그것만으로도 사람 사는 세상에 있는 느낌이 들어, 굳이 여러 사람과 복잡하게 어울려야 할 필요를 느끼지 못하고 있는 것이다.

몇 해 전에는 자식들과 외국도 꽤 다녀봤는데, 물론 내가 사는 곳과 다른 곳이니 신기한 것도 있기는 했으나, 그다지 큰 감흥을 느낀 것은 아니다. 이리저리 생각해봐도 내가 살아온 곳에서 빈한히 지내며 인생의 말년을 보내는 게 가장 편하다는 생각이 든다. 그래서 나는 지금도 수원에 집이 있고 사무실도 이곳에 있다. 인생의 대부분을 한 곳에서 보내 지겹지 않겠느냐고 생각하는 사람도 있겠는데, 한 때는 그런 생각도 있었으나, 지금은 이곳이 가장 익숙하고 심신이 편하게 느껴진다.

무엇보다 세상에는 내가 부지런히 다녀야 할 만큼 중요한 것이 별로 없다는 생각이 들고, 이렇게 저렇게 들려오는 세상일에 대해서도 대충 그 내용이 어떨 것이라는 걸 알고 있기에, 힘들여 내용을 알아보려 하지 않고 있다.

지금 나의 마음은 텅 빈 무의 상태로 서, 어느 날 갑자기 숨이 끊어진다고 하더라도 그것으로 그만이고, 갑자기 건강이 더 좋아져 기대 이상으로 오래 산다고 하더라도 그만이다 생각하고 있으니, 나는 어쩌면 자연의 일부가 되어 있는 것인지도 모르겠다.

8

● 먼저 간 아내를 그리며…

아내가 세상을 떠난 지 한 해가 넘었다. 이제는 마음의
정리가 될 만도 한데, 내가 미련이 많은 사람이라서인지 아
직 실감이 나지 않을 때가 있다. 무심코 길을 걷다가 아내
에게 무언가 부탁할 일이 생각나면 아내를 떠올리는데, 조
금 지나면 아내가 이미 세상을 떠났음을 깨닫고 망연자실
할 때가 종종 있다.

아내는 어려운 시절에 내게 민며느리로 시집을 와서 참
고생을 많이 했다. 물론 내가 인생 중반에 하늘의 도움으로
성공을 했다고는 하나, 그래도 꽃 같은 시절에 내게 시집을
와서 산전수전 다 겪게 했으니, 말로는 그 미안함을 다 표
현하지 못 할 정도이다.

아내는 참 좋은 사람이었고, 나의 빈 자리를 알뜰하게 채
워준 사람이었다. 나는 일을 벌이고 추진하는 능력은 있었

으나 알뜰하게 요모조모를 생각해서 관리를 하는 것에는 좀 둔한 편이었는데, 다행히 아내가 살림을 잘해서 자산을 잘 운용해 주었다. 다만 인생 말년에 아이들 문제로 약간 갈등이 있었던 게 아직까지 마음에 걸리는 점이다. 아내는 딸을 특별히 애틋하게 생각해 경제적인 기반을 튼튼하게 해 주고 싶어 했는데, 나 역시 딸아이를 사랑하는 마음은 아내와 같으나, 스스로의 힘으로 자립하는 것도 중요하게 생각했기 때문에 의견이 대립된 일이 있었다. 그 외에 아내와 나는 오랜 시간을 진실한 부부애로 살아왔다고 생각한다.

아내는 임종을 앞두고 내게 이런 말을 했다.

"나는 무거운 짐 내려놓고 좋은 곳으로 가니, 당신은 오래도록 건강하게 사시구려."

아내는 죽음을 담담하게 받아들이고 있었다. 그야말로 아름답고 평화로운 임종이었다. 나는 아내와의 이별이 가슴 아팠으나, 아내의 죽음이 불행이라고는 생각하지 않았다. 일흔 여섯 살 되던 해에 갔으니, 천수를 누린 것이고, 아내의 유언대로, 죽음이라는 게 어떤 의미에서는 무거운 짐을 내려놓고 아무 것도 없는 대기 속으로 스며드는 것이라는 생각도 있어서, 담담히 받아들였다.

요즘 젊은 사람들은 어떻게 만나고, 어떻게 사랑하고, 어떻게 결혼 생활을 영위하는지 잘 모르고 있다. 내가 살던 시대는 연애감정보다는 당장 먹고 사는 문제가 더 중요했기 때문에 외모나 성격 같은 걸 시시콜콜 따질 수가 없었다. 어찌 보면 남녀 사이의 감정이라는 걸 따질 겨를도 없이 결혼을 하게 되었던 것인데, 그럼에도 요새 사람들이 주장하는 것처럼 아무 감정도 없이 살았던 것은 아니라고 생각한다.

워낙 힘든 시절을 살다보니 서로 고생을 하면서 정이 두터워질 수밖에 없었다. 사실 나도 남자인 이상, 인생 중반에 성공을 하면서 한 눈을 팔고 싶은 마음도 생긴 적이 있으나, 지나간 어려운 시절에 나를 도와 힘든 살림살이를 해낸 아내를 생각하면 도저히 딴 생각을 할 수가 없었다.

아내와 사별 후 공허한 마음에 다른 여자와 잠깐씩이나마 교제 비슷하게 만난 적이 있는데, 먼저 떠난 아내보다 외모도 훌륭하고 사회적 지위도 있는 여성을 만나서 위로를 받기는 했으나, 평생을 함께 해온 아내와는 비교할 수 없는 것이었다.

앞에 내가 살아온 날들을 회고하면서 일부러 피한 과거가 하나 있었는데, 사실 나는 19살에 결혼하여 이듬해에 첫 아들을 얻은 바가 있었다. 하지만 6.25전쟁의 와중에 그 아이를 잃어버리고 말았다. 나와 아내는 백방으로 아들을 찾아다녔으나 결국 찾지 못하고 말았다. 그 생각을 하면 지금도 마음 한쪽이 메어지는 듯 하다. 그런데 아내에 대한 기억을 떠올리니 그 일을 언급이라도 해야 할 것 같아 이렇게 적는 것이다.

같은 부모라도 부정보다는 모정이 더 진하기 마련이니, 아내는 자신의 종아리를 칼로 베어내는 것보다 큰 아픔과 고통을 겪었을 것이다. 그 뒤 내가 서른이 되어서야 두 번째 아이를 다시 얻었고, 그제야 첫 아이를 잃은 아픔이 어느 정도 중화되었다고는 하나, 첫 아이를 잃은 상실감이 어찌 다 치유되었다고 말 할 수 있겠는가.

남들이 볼 때는 우리 부부가 참 다복하게 한 세상 잘 살아온 것처럼 보일지는 모르나, 그럼에도 불구하고 마음속 켜켜이 남에게 털어놓을 수 없는 아픔과 상처가 여느 보통 사람과 마찬가지로 쌓여 있으니, 그것이 부부라는 연이 아니면 어찌 다 털어놓고 나눌 수 있겠는가.

이 글을 읽는 독자 가운데 아내가 있고 남편이 있다면, 허물없이 마음을 나눌 상대가 있다는 것만으로도 천하를 얻은 것 못지않게 행복한 일이라는 것을 자각하고, 상대를 좀 더 귀하고 소중하게 배려해 주어야 한다고 생각한다. 마음을 열고 상대를 대하는 것, 그것이 참다운 부부애가 아니겠는가.

9

● 새마을 운동과 노인정 건립

사람마다 나이 들어 인생을 회고할 때 내놓을만한 업적이
라는 것이 하나라도 있을 텐데, 이렇게 지난날을 회고 해 볼
때 내가 내 놓을만한 것은 마흔 무렵에 건답직파를 시도하여
보란 듯이 성공했던 것과, 또 하나는 우리 마을의 노인정을
내가 주도하여 새로이 건립한 것이다. 노인정 건립에 관한
이야기는 앞서도 잠깐 밝힌 바가 있으나, 그때의 기억이 새
롭게 기억이나니, 좀 덧붙여 설명을 하기로 하겠다.

그 당시는 1970년대로서 농촌에 새마을 운동이 한참 보
급되던 때였다. 그때 나는 노인회 총무로서 새마을 운동의
취지에 공감하여 마을의 포장도로를 닦는 데 일조를 하고,
그와 아울러 낙후된 노인정을 새롭게 건립하면 좋겠다는 생
각을 했다. 그때 이장을 하는 김동중과 새마을지도자인 임
한권이 내 취지에 공감하여 함께 노인정 건립 사업을 추진

하게 되었다.

우선 나는 지금 돈으로 수 천만 원 가량을 희사하였다. 처음에는 기왕 마을을 위한 사업을 하기로 했으니 내 땅에 건립을 하려 했는데, 주민들이 거리가 너무 멀다하여 자리를 알아보던 중, 마을에서 비교적 사정이 좋은 김용무가 자신의 땅 40평을 희사하였는데, 얼추 지금 돈으로 몇 천 만 원은 되니 내가 희사한 액수와 엇비슷하게 봉사를 한 셈이다. 또한 유중렬이라는 양반도 나만큼은 아니나 지금 돈으로 수 천만 원의 적지 않은 돈을 희사해서 노인정 건립에 큰 공헌을 했다.

그 외에 황문기라는 양반이 지금 돈으로 1천 만 원 가량을 희사했으며, 큰돈을 내 놓을만한 여력이 없는 사람들은 십시일반으로 얼마간씩이라도 내 놓았고, 그럴 처지도 되지 않는 경우는 품으로 대신해 주었으니, 온 마을이 협조하여 노인정 건립이 이루어지게 된 것이다. 나는 그들의 노력을 대대로 전해주기 위해 도움 준 사람들의 명단을 액자에 담아 노인정 벽면에 걸어두었다.

지금도 그때를 생각하면 참 감개무량하다. 개인주의가 널리 퍼진 요즘은 마을 공동의 일에 대해 다들 귀찮아하는 경향이 강한데, 그때는 새마을 운동의 보급으로 모두 함께 잘 살아보자는 마음으로 모두가 충만해 있던 때여서 서로 힘을 합쳐 노인정을 건립하는 일이 무척 즐거웠고 보람도 컸다.

건답직파의 성공과 보급으로 식량난 해결에도 일조를 하고, 노인정 건립도 주도하여 성공시켰으니, 나에 대한 각계의 칭송이 대단들 하였다. 나 역시 그때는 하는 일 마다 꼭 좋은 결과를 냈으니, 개인적으로도 자부심이 컸다. 내 자랑 같지만, 내가 노인정 회장으로 있을 때는 우리 마을이 전국에서 첫 번째로 꼽힐 정도로 부흥했으며, 주민들 간의 화합도 아주 잘 되었다. 그런 연유로 정계에 입문 하라는 권유도 여러 차례 받았으나, 정치는 내가 할 일이 못된 다는 생각에 고사했다는 이야기는 앞에서도 밝힌 바가 있다.

노인정 건립과 관련하여 특별히 고맙게 생각하는 사람이 한 명 더 있다. 경기도청에 공무원으로 근무하던 황종각이라는 사람인데, 지금 생각해도 참 건실하고 정직한 참 공무원으로 기억에 남아 있다. 노인정 건립을 하다보니 막바지에 자금이 조금 모자랐는데, 이 사람이 우리 마을의 어려움을 헤아리고 군청의 지원을 받을 수 있도록 많은 노력을 해 주었다.

이런 사람이 공무원으로 오래 근무해야 정부가 잘될 것이라고 생각했는데, 아쉽게도 나중에 맞지 않는 보직에 임명되어 퇴직을 했다는 소식을 들었다. 맞지 않는 보직이라는 것이 동료들의 비리를 적발하는 직책이었던 것인데, 사람이 너무 선량하여 동료를 고발하는 일은 차마 할 수가 없더라고 토로 했다는 이야기를 나중에 들었다.

사람이 원래는 외로운 존재라는 말은 맞는 것 같다. 누군가 나서서 용기를 북돋고 공동의 일을 해야만 사람 사이에 화합이 되고, 그래야 외로움에서 벗어날 수 있다고 생각한다. 바로 그 힘으로 마을이 잘되는 것이고, 나아가서 나라 전체가 잘 되는 것이 아니겠는가.

　박정희 전 대통령에 대해 이러니저러니 말들이 많은데, 1970년대에 우리도 한 번 잘 살아보자는 구호를 내걸고 전 국민이 하나로 단결하게끔 하여 좋은 방향으로 끌어간 것은 지금 생각해도 참 대단했다는 생각이 든다. 나 역시 그 취지에 공감하여 새마을 운동을 적극적으로 주도했고, 노인정 회장으로 다사다난한 마을 일에 앞장을 섰던 것인데, 지금 돌이켜보니 그때가 참 사는 맛이 있었던 것 같다.

10

● 옹달샘 주변의 이름모를 수수한 꽃이 되고파

시골에서 살아본 사람이라면 여름의 옹달샘이 얼마나 시
원한지 잘 알고 있을 것이다. 깊은 산중의 그늘 속에 있는
작은 옹달샘은 냉방 시설이 없던 어린 시절의 내게는 요긴
한 피서처이기도 했고, 나만의 아지트이기도 했다.

인생의 쓰고 단맛을 모두 맛보고, 또한 내로라하는 각계
각층의 사람들을 두루 만나보았으니, 어찌 보면 한 세상 잘
살아온 것인데, 어쩐 일인지 다른 기억들은 모두 흐릿해지
는 데 반해서, 유독 숲 속 옹달샘의 기억만이 점점 또렷해
지는 듯 하다.

내게 남은 바람이 무엇이냐고 누가 묻는다면 나는 주저
없이, 어린 시절 쉬었던 작은 옹달샘 주위의 이름도 없는
작은 꽃이 되고 싶다고 말할 것이다. 기독교에서는 사후에
천국과 지옥이 있다하고, 불교에서는 윤회를 거듭한다 하는

데, 천국도 그리 달갑지 않고, 다음 생에 고관대작의 자식으로 태어나는 것도 그리 달갑지 않으니, 나는 그저 시원한 옹달샘 주변의 이름도 없는 꽃으로 피어나기를 바라고 있는 것이다.

그러고 보면 나이가 들어간다는 것은 무언가를 하나하나 버린다는 것인지도 모르겠다. 때로 살아오면서 억울한 일도 있었고, 미운 사람도 있었으나, 지금은 모두 지나간 일들이라서 마음에 담고 있지 않다.

어느 종교인이 '내 탓이오'라는 운동을 펼쳤다고 하는데, 그게 말은 쉽지 실천이 여간 어려운 게 아닐 것이다. 하지만 나는 이제 진심으로 모든 걸 내 탓이라고 생각하고 있다. 그러고 나니 마음에 화평이 찾아왔다. 어떤 사람은 나쁜 기억과 미움의 감정이 어찌 그리 쉽게 떨쳐지겠는가라고 반문할지도 모르나, 그것도 노력으로 가능한 것이다.

언제인가부터 나는 사람들에게 안 좋은 이야기를 듣는 걸 피하게 되었다. 흉악한 세상일이라거나, 어떤 사람에 대한 험담 같은 게 들려오면 겉으로는 들어주는 척 하나, 돌아서면 그냥 잊어버리려 노력했다.

그런 면에서 나는 지금 가진 것은 없으나, 마음만은 부자가 된 기분이다. 부자가 따로 있는가. 세상이 자기 것이라고 생각해버리면 부자가 되는 것이다. 산도 내 것이요, 길도 내 것이요, 높은 빌딩과 자동차들도 모두 내 것이고, 세상의 예쁘고 젊은 여자들도 모두 내 것이라고 생각하면 된다. 모두 내 것이되, 다른 사람에게 베풀고 있는 것이라고 생각해버리면 마음이 얼마나 풍성해지는가.

예전에 들었던 이야기 가운데는 이런 게 있었다. 알렉산더 대왕이 천하를 재패한 후였는데, 어느 곳에 대단한 지혜를 가진 철학자가 있다는 소문이 들려왔다. 알렉산더는 그가 누구인지 궁금해서 그가 사는 곳으로 말을 달렸다고 한다. 그런데 막상 만나본 철학자는 노숙자처럼 남루한 모습으로 거리에 앉아 있었다. 알렉산더는 동정심이 생겨 소원을 한 가지 들어줄 테니 말해 보라고 했다. 그러자 철학자는 이렇게 대답했다.

"햇볕을 쬐고 싶으니 좀 비켜주시지요. 그것이 내가 지금 바라는 것이외다."

그 말을 들은 알렉산더는 탄복하여 떠났다고 한다. 예전에 이 이야기를 들었을 때는 듣는 사람 재밌으라고 누가 지어낸 이야기이겠거니 했다. 아무리 고고한 철학자라고 하더라도 욕망이 있을 텐데, 그 좋은 기회를 그리 쉽게 날려버린다는 건 있을 수가 없는 일이라는 생각이 들었다.

그런데 지금은 이 우화가 충분히 있을 법한 일이라고 생각하고 있다. 어쩌면 알렉산더는 그 철학자처럼 살고 싶었을지도 모르겠다는 생각도 든다.

자, 알렉산더의 입장에서 생각해보자. 그는 왕위에 오르기 위해 피나는 권력투쟁을 벌였고, 왕이 된 후에는 반란을 제압하느라 무수한 인명을 살상했으며, 그 후에는 세계 재패의 야망을 실현하기 위해 목숨을 걸고 싸웠다. 그리고 세계를 재패한 후에는 1인자의 자리를 지켜야하니 한시도 방심을 할 수가 없을 것이다.

그에 반해서 거리의 철학자는 그저 먹을 거리만 있다면 만족하며 살고 있으니, 누가 그를 해치려고 하지도 않을 것이고, 재산이 없으니 자기 것을 지키기 위해 노심초사 할 필요도 없을 것이고, 높은 직위가 있는 것도 아니니 권위를 잃지 않으려고 매사에 긴장할 필요도 없는 것이다.

그래서 철학자는 소원을 들어주겠다는 알렉산더에게 그저 햇빛만 가리지 말아달라고 간청한 것이다. 물론 명성으로 따지면 알렉산더와 거리의 철학자는 비교가 되지 않으나, 행복지수로 따지면 철학자가 한 수 위라는 것이다. 철학자는 알렉산더의 방문이 그리 달갑지 않았고, 오히려 자신의 행복이 사라질까봐 염려했을 것이다.

나의 생에 대한 만족감도 그 철학자와 비슷한 것 같다. 인생의 말년이 되고 보니 인생이라는 긴 여행을 마치고 내 집으로 돌아와 쉬고 있는 것 같은 기분이 되었다. 다만 더 바란다면 어릴 때 자주 찾았던 숲 속의 옹달샘 주위의 꽃이 되었으면 하는 것이다.

화려한 꽃보다는 그냥 평범하고 수수해서 남의 눈에 도드

라지게 드러나지 않는 꽃이 되었으면 좋겠다. 새들의 지저
귐과 옹달샘 흘러가는 소리만 들리면 그만이다. 나는 옹달
샘 주위의 수수한 꽃으로 다시 태어나 영원히 그 자리에 피
어 있었으면 좋겠다. 그것이 나의 마지막 바람이다.

2장. 나의 대한민국

가난만 탓하고 불운만 탓했다면 아무 것도 달라지는 것이 없었을 것이다. 가난하다고 모두 이념에 사로잡혀야 한다면 나야말로 공산당의 선봉에 서야 맞을 것이다. 하지만 나는 남이 가진 것을 빼앗고 탐내는 방법 대신에 나만의 방법으로 성공하는 방법을 선택해서 인생의 중반에 너무나 값진 열매를 얻게 되었노라고 감히 말 할 수 있을 것 같다.

1

● 이념에 사로잡히기보다는 진실한 노력을…

앞장에서 설명했지만 나는 청소년기에 화염을 들이마시고 중태에 빠지는 큰 사고를 당한 바 있었다. 어떻게 해서 다시 회복은 됐다고 하나, 그 후유증이 평생토록 나를 괴롭혔다. 중년이후 한 번도 먹고 사는 문제로 고생을 한 적이 없으니 분명히 성공한 인생이라고 할 수 있으나, 만일 내가 그때 사고를 당하지 않았더라면 훨씬 더 큰 성공을 했을 것이고, 사회와 국가에 더 많은 기여를 했으리라는 아쉬움에 젖을 때가 있다.

그 사고로 나는 평생 정기적인 의사의 진료를 받고 약을 복용해 왔다. 그만큼 내게는 치명적인 사고였던 것이다. 신체에 문제가 생긴 게 아니고, 뇌에 문제가 생겼기 때문에 정신 활동을 하는 데 있어서 다양한 어려움을 겪어야만 했다.

얼마 전 아들 내외와 외국 여행을 갔는데, 홀로 이곳저곳을 둘러보다가 그만 길을 잃은 일이 있었다. 나로서는 낯선

타지라서 정신을 바짝 차린다고 했으나, 중간에 길을 잃어서 어디가 어딘지를 알 수 없었던 것이다. 겨우 나를 찾아낸 아들은 혼비백산한 얼굴로 말했다.

"아버지, 이제 여행 다니시면 안 되겠어요."

아들은 내가 여행도중 길이라도 잃어서 큰 봉변을 당하기라도 할까봐 걱정이 됐던 것이다. 이런 일들이 청소년기의 사고로 인해 뇌의 활동이 저하되었기 때문이라는 걸 나는 잘 알고 있다.

내가 이 이야기를 다시 꺼내는 것은 내가 겪은 고난을 단순히 누가 알아주기를 마음에서가 아니다. 성공한 사람이건, 그렇지 않은 사람이건 세상에는 이유 없이 고난을 겪어야 하는 사람이 수없이 많다. 어쩌면 멀쩡한 신체와 맑은 정신을 가졌다는 것만으로도 대단한 축복을 받은 것일 수도 있다.

신체와 정신의 장애는 물론이거니와, 가난하다는 것도 고난이고, 어질지 못한 부모를 만난 것도 고난이고, 나아가서는 잘사는 선진국에 태어나지 못한 것도 어떤 의미에서는 고난이며 핸디캡이다.

나는 자라나는 젊은 세대에게 꼭 하고 싶은 말이 있다. 장애가 있다거나 가난한 가정환경에서 태어났다고, 그 화풀이를 다른 사람이나 다른 대상에 해서는 안 된다는 것이다.

6.25전쟁 때 죽을 고생을 했던 나는 이념의 대립이 얼마

나 무서운가를 아주 잘 알고 있다. 그런데 전쟁이 끝난 지 60년 가까이가 되었음에도 아직도 우리 사회는 이념을 내세워서 문제를 해결하려는 사람들이 적지 않게 있다는 걸 잘 알고 있다.

그들은 가난하고 어려운 환경에 처한 사람들에게 부자들은 모두가 탐욕한 사람들이고, 이 나라 정부가 백성들을 괴롭힌다는 식으로 선동을 해서 극심한 혼란을 야기 시킨다. 그 방법이 너무나 교묘하고 자극적이어서 어지간한 사람들은 거기에 홀딱 넘어가기가 쉽다.

거기에 일일이 대응하기에는 이쪽 편의 사람들의 머리가 그들처럼 조밀하고 치밀하지가 못해, 번번이 눈뜨고 당하는 경우가 허다하다. 겨우 할 수 있는 일이라는 게 빨갱이들에 대한 비난인데, 이 마저도 '또 빨갱이타령이냐' '색깔론 하지마라'라는 식으로 비하를 당하는 처지이니 참으로 답답하기 그지없다.

내가 살아오면서 크게 느낀 바가 있으니, 그것은 복잡한 이론을 내세우는 사람일수록 진실성과는 거리가 멀다는 것이다. 나는 농부출신인지라 봄에 씨를 뿌려 가을에 수확하는 단순한 세상의 이치에 익숙해 있다. 어쩌면 이렇게 단순한 이치에 진실이 있는지도 모른다.

그런데 어떤 사람들은 세상도 과학으로 재단해야 한다면서 도무지 이치에 닿지 않는 허울 좋은 이론을 내세워서 나

라를 혼란에 빠트리고 있고, 그들이 정치와 사회의 중요한
자리에까지 앉게 되었으니, 뒷짐 지고 가만히 바라만 보기
에는 울화통이 치미는 경우가 한 두 번이 아니다.

물론 부자도 부자 나름이고, 그들이 모두 훌륭한 인품을
지녔다고 말하기는 어려우나, 그들 대부분은 정당한 노력을
통해 부를 쌓은 것임이 분명함에도, 무조건 사회가 잘못 되
어서 부자가 된 것처럼 말하는 걸 보면 그 저의가 대단히
의심스럽다.

물론 처지가 어려운 사람은 사회에 대해 위화감을 느낄
수 있고, 젊은 시절에는 과격한 생각도 할 수 있다고 생각
한다. 하지만 내가 살아보니 세상은 그리 불공평한 것도 아
니며, 또한 인생이라는 항로는 누구에게나 공평하다는 생각
을 하게 되었다.

나는 정말 찢어지게 가난한 집 안에서 태어났고, 화염을
들이마셔 평생 정신적인 문제를 안고 살아야 했으나, 인생
의 중반에 이르러 성공이라는 값진 열매를 얻게 되었다. 만
일 내가 조금 나은 환경에서 태어났고, 사고도 당하지 않았
더라면 아마 지금보다 수 십 배는 더 큰 성공을 하게 되었
을 것이다.

하지만 어쩌겠는가. 가난한 것도 운명이요, 사고를 당한
것도 운명이지 않은가. 가난만 탓하고 불운만 탓했다면 아
무 것도 달라지는 것이 없었을 것이다. 가난하다고 모두 이

념에 사로잡혀야 한다면 나야말로 공산당의 선봉에 서야 맞을 것이다. 하지만 나는 남이 가진 것을 빼앗고 탐내는 방법 대신에 나만의 방법으로 성공하는 방법을 선택해서 인생의 중반에 너무나 값진 열매를 얻게 되었노라고 감히 말 할 수 있을 것 같다.

젊은이들이여! 지금 가난하고 힘들다고, 미움의 감정에 사로잡히지 말라. 남을 시기하고 미워할수록 잘못된 길로 접어들 가능성이 높고, 미워하는 대신 실력을 쌓고 미래를 준비하는 데 더 많은 시간을 할애 한다면 반드시 응분의 대가를 받게 될 것이다.

● 젊은이다운 진취적인 기상이 필요하다

시대는 정말 쏜살같이 변화한다. 나이가 이렇게 되다보니 변화하는 시대상을 고스란히 목격하며 살아왔는데, 내가 어릴 때만 하더라도 자동차를 구경하는 일이 대단히 신기한 구경거리였다. 그런데 이제는 차가 너무 많아서 문제고, 그 외에도 컴퓨터라거나 휴대전화처럼 꿈에도 생각 못했던 신기한 기술이 하루가 다르게 등장하고 있다.

그런데 아무리 시대가 변해도 변하지 않는 게 하나 있다. 바로 사람의 의식구조이다. 눈앞의 이익에 물불을 가리지 않고 덤비고, 파벌을 만들어서 우리가 잘났네, 너희가 잘났네 하는 식의 무모한 논쟁을 벌이는 사회 분위기는 예전이나 지금이나 어떻게 그렇게 똑같은지 모르겠다.

젊은 사람들에게는 다소 미안한 이야기가 되겠으나, 새로운 세대라면 그에 걸맞은 진취적인 기상과 창조적인 발상이 있어야 하는데, 내가 게으른 탓인지는 몰라도, 아직 우리나라에는 세계를 놀라게 할만한 그런 인재는 찾지 못했다.

나는 반평생을 농부로 살며 봄에 씨를 뿌리고 가을에 수확하는 자연의 이치에 익숙한데, 아무리 씨를 뿌리고 퇴비를 주어도 열매가 열리지 않는다면 그 얼마나 허탈한가.

기성세대의 보수성을 젊은 세대가 비난하지만, 정말로 훌륭한 인재라면 스스로의 힘으로 가치 있는 것을 창조해 내는 진취적인 사고가 필요하지 않나 싶다. 살아보니 인생에 2등이란 건 없다. 1등 외에는 모두가 고만고만한 나머지일 뿐이다.

그런데 내 눈에는 모두가 2등이 되어 어떻게든 편하게 살아보려고 아등바등 거리는 모습만 보일뿐, 각고의 노력으로 1등이 되어 보다 나은 세상을 만드는 데 힘이 되겠다는 사람은 찾아보기가 어렵다.

나이가 들면 스스로 무엇이 되겠다는 바램보다는, 가능성 있는 인재를 찾아내어 도움을 주고 싶은 바램이 앞서기 마련이다. 물론 정말로 훌륭한 인재라면 남의 도움에 기대기보다는 스스로의 힘으로 어떻게든 일가를 이루기 마련이라고 생각한다. 나처럼 시대에 뒤떨어진 늙은이도 외국의 빌게이츠나 스티브 잡스 같은 인물들에 대해서는 조금 아는데, 자세히는 모르나, 그들이 부유한 환경에서 뜻을 이루지는 않았으리라고 생각한다.

다만 기성세대가 젊은 세대에게 해 줄 수 있는 것은 삶의 노하우이다. 소가 목이 마른 듯 하면 물가로 데려갈 수는 있으나, 물을 마시는 것까지 대신해 줄수는 없는 법이다. 내가 보수적인 사람이라서 그런지는 모르겠으나, 젊은 세대가 60년대와 70년대를 독재의 암흑기라고 부르는 것에 대해 상당한 우려가 생긴다. 내 경험으로 그 시대는 결코 암흑기가 아니었다. 지금보다 훨씬 가난했으나, 모두가 잘살아보자는 각오를 다지며 어떻게든 가난을 탈출하려고 많은 노력을 기울인 시대라고 할 수 있다.

그 시절이 있었기에 오늘날의 번영이 있는 것이다. 물론 지금 돌이켜보면 너무 가혹하게 일만 했다는 반성도 있기는 하지만, 자원이 빈약한 우리나라가 남들만큼 살려면 좀 적게 쉬고 남들보다 더 많이 일하는 것 밖에는 방법이 없었다.

만일 그 시대의 노동환경에 대해 불만이 있다면, 무조건 비판만 할 것이 아니라, 앞에 예를 든 빌 게이츠나 스티브 잡스 같은 인재가 등장해서 국가를 부강하게 만들어야 한다. 국가가 부강해져야 복지도 개선이 되는 것이고, 노동환경도 좋아지는 것이다. 아무 노력도 안 하고 남에게 바라기만 한다면 우리는 결코 선진국이 되지 못 할 것이다.

어떤 사람들은 동남아시아나 아프리카의 굶어 죽어가는 아이들을 보라고 하면서, 잘사는 나라가 더 많은 도움을 주어야 한다고 주장하지만, 그들이 못사는 이유가 원조가 적어서는 아니라고 생각한다. 배고픈 사람에게 물고기를 주면 당장의 끼니는 해결이 가능하지만, 영원히 남에게 의존하며 살아야 한다. 당장은 배가 고프고 힘들더라도 낚시하는 방법을 배워야 훗날 자립을 할 수가 있는 법이다. 빈국들이 선진국에 예속되는 이유는 선진국의 음모 때문이 아니라, 자립 의지가 박약하기 때문이 아닐까.

내가 군대를 제대했을 무렵 수원 시청에 공무원 시험을 본 일이 있었다. 그런데 일이 안 되려고 그랬는지 당시의 수원 시장이 선거 공약으로 수원 시민만을 채용하겠다고 해서 나는 시험조차 볼 수가 없었다. 나는 이때 상당히 좌절을 했다. 공무원이 되면 그나마 꼬박꼬박 월급을 받으니 생계를 어느 정도 해결할 수 있었는데, 시험 자격이 주어지지 않았으니 난감하기가 이루 말 할 수 없었던 것이다.

그래서 지긋지긋한 농사를 다시 해야 했으니 참으로 하늘이 원망스럽고 세상이 싫었다. 그런데 훗날의 결과로 볼 때 공무원이 되지 않은 것이 내게는 크나큰 행운이었다. 농사에 전념했기에 전답직파 농사법을 창안해서 나 자신도 성공했고, 나라의 식량난 해결에도 큰 도움을 주었으니 말이다. 만일 그때 공무원이 되었다면 그저 무난하게는 살 수 있었을지 몰라도 삶의 보람은 훨씬 반감되었을 것이다.

내가 이 이야기를 들려주는 것은 요즘 젊은 세대가 공무원 시험에 너무 많이 몰린다는 이야기를 들었던 게 생각나서이다. 물론 공무원 생활은 수월하고 편할 것이다. 하지만

20대의 생기발랄한 젊은이들이 너도나도 공무원이 되어 무난하게만 살려고 한다는 건 그렇게 권장할만한 태도라고 보기 어려운 것 같다.

공무원이 정말로 적성에 맞는 사람이라면 모르겠으나, 그렇지 않은 사람이라면 본인의 적성과 소질을 개발해서 그길로 매진하는 게 개인적으로나 국가적으로나 바람직하다고 생각한다.

처음에 사람의 의식이 참 변하지 않는다는 이야기를 했는데, 내 생각에 그것은 거친 세상과 정면으로 맞서 싸우겠다는 의지가 부족해서라고 생각한다. 요령이나 피우고, 적당히 남들 비위나 맞춰서 살려고 하니 구태의연해지고, 거짓말을 밥 먹듯이 하게 되는 것이다.

노인네의 잔소리라고만 생각하지 말고, 젊은 세대가 뼈아프게 각성을 해 주었으면 좋겠다.

● 전직 대통령에 대한 재평가

몇 해 전 광우병 소고기 문제로 사회가 온통 시끄러웠던 적이 있다. 사실 나이가 드니 가급적이면 첨예한 사회 문제에서 좀 비켜나 있고 싶은 마음이 있었기에 크게 신경을 쓰지 않으려고 했다. 또, 소고기 문제에 관해 시위대가 어떤 주장을 하고 있는지 잘 알지도 못했다.

그런데 처음에는 좀 시끄럽다가 그만두겠거니 했던 시위가 한달을 넘기고 두 달을 넘어서까지 계속되면서 슬슬 울화가 나기 시작했다. 시위대 측 주장의 당위성은 차지하더라도, 정부가 몇 번이나 담화문을 발표하고 대통령이 몇 번씩이나 사과를 했음에도 그 기세를 누그러뜨리지 않고 서울 시내를 매일 점거하고 혼란을 야기하는 걸 보니 해도 너무한다는 생각이 들었다.

대통령의 사과 발표를 보니 울화가 더 치밀어 올랐다. 아니, 서울 시내를 무법천지로 만들어놓고, 공권력을 무기력하게 만드는 세력에 대해 단호한 응징은 못하고, 아침이슬을 들으며 참회를 했다느니 어쨌다느니 하는 것이 정말 가관으로 보였던 것이다. 물론 한 나라를 책임지는 국가수반으로서 시위대를 어르고 달래서라도 질서를 회복해야 하는 입장은 이해가 가지만, 저렇게 물러서고 양보만 한다고 문제가 해결되는 게 아니라는 걸 잘 알고 있는 나는, 어쩔 수 없이 좀 독재적이었던 과거의 대통령들이 떠올랐다.

그런데 우리나라의 지식인들이 대통령에 대한 평가를 제대로 하지 않는 측면이 있는 것 같아서 그 점이 늘 불만이다. 이승만 초대 대통령이나 박정희 전 대통령, 그리고 전두환 대통령 등을 모두 독재자라고 해서 부정적으로 평가하는 추세인데, 그것은 잘못된 견해라고 생각한다.

우선 이승만 대통령이 집권하면서 한국의 현대사가 잘못되었다는 주장부터 터무니없다. 김구 선생 역시 훌륭한 분인 것만은 틀림이 없는 사실이지만, 여러 가지 면에서 혼란스러운 대한민국을 끌고 가기에는 지나치게 온정적이어서 무리가 있었고, 현실 정치와 국제 정세에 대한 이해도 김구 선생보다는 이승만 전 대통령이 더 나았다고 생각한다.

지금 역사를 돌아보면 역시 이승만 대통령이 집권한 것이 나라의 장래를 위해 바람직했다고 생각한다. 4.19가 민주주의를 위한 의거임을 전적으로 부정하는 건 아니지만, 다소 과장된 루머와 유언비어가 시위에 큰 역할을 하지 않았나 싶은 생각도 든다. 지금이라도 역사 속에 묻혀버린 진실을 차근차근 파헤쳐서 정말로 이승만 초대 대통령이 파렴치한 독재자였는지, 아니면 위기 상황에서 나라의 기초를 세운 건국의 아버지였는지 다시 한 번 살펴야 한다고 생각한다.

박정희 전 대통령은 우리나라 사람들이 존경하는 인물 1위에 선정된 인물이다. 그런데 어떤 사람들은 박 전대통령을 국민들이 긍정적으로 기억하는 것은 독재에 대한 향수가 남아 있어서라거나, 혹은 보수적인 보도 매체의 왜곡 때문이라고 폄하하고 있다.

박 전대통령이 다소 독선적이고, 무리한 방법으로 국가를 통솔했다는 건 나도 인정하는 바이다. 하지만 그 당시 우리나라는 너무나 못 먹고, 못 살던 시기였다. 국민들이 다 굶어 죽어가는 판에 민주주의의 절차를 지키면서 경제 발전을 이룰 수는 없었다고 생각한다. 물론 서구의 선진국들처럼 민주주의와 인권도 지키면서 경제력도 발전시킬 수 있다면 금상첨화겠으나, 그럴 여건이 되지 않는다면 민주주의를 어느 정도 포기하면서 경제를 선택하는 게 낫다고 생각한다.

독자들도 아프리카의 소말리아라는 나라에 관해 들어보았을 것이다. 근래의 그 나라는 해적질로 유명세를 타고 있는데, 우리나라 어선도 몇 번이나 그들에게 나포되어 잘 알고 있을 것이다.

그런데 소말리아는 1950년대 무렵만 하더라도 아프리카의 진주라고 불릴 정도로 꽤 잘사는 나라였다. 그런데 왜 지금은 지구상에서 가장 가난한 나라로, 해적질이나 하며 살아가고 있는 것인가.

바로 분열 때문이다. 영국으로부터 독립한 소말리아는 강력한 지도력을 발휘하는 지도자를 만나지 못해 여러 개의 정치 파벌로 나뉘어져서 치열한 권력 투쟁을 벌이느라 경제 질서가 파괴되기에 이른 것이다. 굶어 죽어가는 국민들을 위해 서구에서 원조를 해 주면 그 돈이 정치 집단의 무기 구입비로 충당되는 어이없는 상황이다.

만일 우리에게도 강력한 지도력을 가진 지도자가 출현하지 않았다면 소말리아처럼 되었을지도 모른다. 그런 면에서 박 전 대통령은 누가 뭐래도 이 나라를 위기에서 구한 참 지도자였다고 생각한다. 물론 사람이니 완벽한 인물은 아니었을지 몰라도, 그 시대에 꼭 필요한 인물이었음은 두 말할 필요가 없는 것이다. 비판을 하는 건 자유지만, 지엽적인 문제를 끄집어내서 박 전 대통령을 폄하하는 일은 없어져야 할 것이다.

전두환 전 대통령의 경우도 장점보다는 단점이 지나치게 부각된 불행한 전직 대통령이라고 생각한다. 그가 집권했던 1980년대에 우리나라는 사상 유래 없는 경제 호황기였고, 그의 집권 직후부터 컬러텔레비전이 시작되었으며, 올림픽 유치를 성공 시켜서 국민들에게 긍지를 심어주었다.

대통령은 연예인과는 다르다. 인기가 전부가 아니라는 것이다. 때로 대통령은 당장은 욕을 먹더라도 국익을 위한 일이라면 강력하게 추진을 해야 한다. 그런 면에서 사람들이 독재자라고 부르는 전직 대통령들에 대해 언젠가는 제대로 된 역사적 평가를 내릴 필요가 있다고 생각한다.

● 최고 명문대생이 4명씩이나 자살을 하다니…

카이스트라면 우리나라에서는 최고 명문이고, 영재들의
산실인데, 어쩐 일인지 최근에 4명이 연속으로 자살을 했다
고 한다. 이 좋은 시대에, 그것도 선택 받은 최고 명문대생
이 연속으로 자살을 하다니…… . 참 믿기 어려운 일이다.

대강 신문 기사를 훑어보니 치열한 경쟁이 원인이었다는
것 같다. 하기야 학업을 못 따라가면 도망이라도 치고 싶었
을 텐데, 집 식구들의 기대가 있으니 중도 포기도 할 수 없
을 테고, 그러니 그냥 목숨을 끊는 것 밖에는 생각이 안 났
을 수도 있겠다.

물론 죽으면 끝이다. 그냥 죽어버리면 모든 문제로부터
벗어날 수 있다는 것도 일리 있는 말이기는 하다. 그러나
문제를 극복하지 못하고 죽는다는 것은 인생의 의미를 전혀
이해하지 못하고 있다는 뜻도 된다. 굳이 사후세계나 윤회
를 거론하지 않더라도, 사람마다 살아가는 목적이 있고 이

유가 있는 법이다.

그것을 찾지 못하고 생을 마감한다면 참다운 인생은 구경도 못해보고 떠나는 것이다. 어차피 죽는 마당에 참다운 인생이면 어떻고, 그렇지 않은 인생이면 어떠냐고 항변할지도 모르겠다. 그러나 사후세계가 어쩌면 존재하는 것인지도 모르는 것이고, 그렇지 않더라도 인생의 어려움을 자살로 회피한 사람은 남아 있는 사람들에게 좋은 기억으로 남지 않을 것이다.

아무리 죽으면 끝이라지만, 주변의 사람들에게 슬픔과 상처만 남기고 떠난다는 것은 참으로 어리석은 행위이다. 어쩌면 이 모든 책임은 당사자보다는 젊은 세대를 지나치게 경쟁으로 몰아가는 사회에 있는지도 모르겠다.

그런데 내가 우려하는 것은 경쟁을 하는 것 자체가 아니다. 사람 사는 곳인 이상 경쟁이 없을 수는 없다고 본다. 문제는 경쟁 상대를 어디에 두느냐이다. 젊은 사람이 자주 쓰는 말로 하자면 눈높이를 어디에 맞추느냐가 중요하다.

가까운 동료를 경쟁 상대로 정하면 삶 자체가 스트레스가 된다. 마음을 터놓고 이야기를 할 수도 없고, 자기 것을 남과 나누는 것도 피하게 된다. 남이 밤잠을 안자고 공부를 하면 자기도 그래야 할 것 같고, 남이 갖고 있는 물건은 자기도 가져야 할 것 같아진다. 우리 사회의 큰 병폐인 집단주의라는 것도 따지고 보면 경쟁이 원인이랄 수 있다. 조금

색다른 생각을 가진 사람이 생기면 다수가 불안해져서 어떻게든 끌어내려야만 직성이 풀리게 되는 것이다.

카이스트 대학생들의 연속적인 자살도 다 이런 이유가 배경에 있지 않나 싶다. 그래서 나는 젊은이들에게 경쟁 상대를 해외에서 찾으라고 말하고 싶다. 국내가 아닌 세계를 무대로 삼으면 우선 생활 방식이 달라질 것이다. 남과 똑같은 방법으로는 세계에 진출하기가 어려우니 자신만의 독창적인 삶을 살게 될 것이며, 공부를 하는 방법도 훨씬 능률적이 될 것이다.

또한 동료들과 경쟁하기보다는 도움을 주고받으며 먼 미래를 준비할 테니, 화합하는 분위기가 조성될 것이다. 눈앞의 이익에 급급해서는 세계무대에 진출하는 게 불가능하다는 걸 알고 있을 테니 세상을 보는 시야도 훨씬 넓어지지 않겠는가.

그렇게 되면 굳이 이름난 명문대에 들어가려고 아등바등하지도 않을 것이며, 성적 때문에 자살을 생각하는 일도 없어질 것이다. 세계무대에서는 출신 대학이라거나, 학교 성적 같은 걸 중요하게 생각하지 않을 것이기 때문이다.

우물 안 개구리가 되지 않으려면 어려서부터 세계무대를 목표로 삼도록 교육 시키는 게 좋다고 생각한다. 과거에 언뜻 들은 일화지만, 국내의 유명한 성악가가 이탈리아 호텔에 묵은 적이 있는데, 호텔 종업원이 노래를 부르는 걸 들어보니, 국내 1인자인 자신과 실력이 엇비슷할 정도여서 당황했다고 한다.

만일 그 성악가가 어려서부터 세계무대를 목표로 삼고 매진했다면 지금보다 훨씬 월등한 실력을 갖추게 되었을지도 모르는 일이다. 국내라는 좁은 울타리에서만 서로 경쟁하면 객관적인 실력의 향상이 불가능하게 될 수 있다.

고흐 같은 화가는 생전에 그림이 팔리지 않아 무척 가난한 일생을 보냈으나 사후에 그림의 진가를 인정받아 지금은 그의 그림이 세계에서 가장 비싸게 팔리고 있음은 대부분의 독자들도 알고 있을 것이다.

우리나라의 인재 가운데도, 국내에서는 인정을 받지 못하고 있으나, 세계 시장에서는 뛰어난 인재로 평가받을만한 인물이 있을지도 모르는 일이다. 지금은 경쟁에 뒤쳐져서 자살을 생각할 정도로 좌절하고 있으나, 사람의 인생은 어찌 풀릴지 모르는 일이니, 훗날 남과는 비교할 수 없는 영광이 찾아올 수도 있다. 최고 명문대의 재학생이 4명이나 연속으로 자살했다는 이야기를 듣고 그냥 지나치기에는 마음이 좀 아파 몇 자 적었다.

5

● 지역구 국회의원의 방문을 받고…

얼마 전에 내가 사는 곳의 지역구 국회의원이 내가 있는 곳으로 찾아왔다. 이야기를 해 보니 그분의 아버지가 나보다 세 살 아래였다. 나는 그에게 평소 생각해 왔던 바를 털어놓았다.

"언제까지 1980년 광주 이야기를 들어주어야 하는 것입니까? 광주에서는 5.18 단체가 수 백 개도 넘는다는데, 그 사람들은 도대체 무엇을 하는 사람들 입니까? 그리고 광우병 사태로 서울이 무법천지가 되었을 때 어째서 대통령은 아침이슬을 들으며 참회를 했습니까? 시위대 측에 약점이라도 잡힌 게 있습니까?"

내가 다그쳐 묻자 그 국회의원은 딴청을 피우며 동문서답만을 늘어놓았다. 하기야 이 사람 저 사람의 입장을 다 헤아려야 하고, 그들의 눈치를 보아야 하는 정치인이니, 설령 내 말이 맞다고 하더라도 곧이곧대로 동조할 수는 없었으리라 추측이 된다. 특히나 5.18광주 문제 같은 건 아주 예민한 문제라서 한 마디라도 실수를 하면 매스컴에 대대적으로 보도될 수도 있으니 더욱 조심스러웠을 것이다.

우리 사회의 큰 문제 가운데 하나가 사실의 정당성을 따지기보다는 약자의 입장을 내세워서 억지를 부리는 것이라고 생각한다. 대부분의 불법 시위가 그러하다. 정정당당하게 사리를 따지면 득이 될 것 같지 않으니 무조건 집단행동을 해서 억지로 욕구를 관철 시키려고 하는 것이다.

정말로 중요한 문제는 이렇게 국가의 기강을 어지럽히고, 말없는 다수에게 극심한 고통을 주는 사람들을 정치인들이 정치적인 논리로 방조 내지는 조장하고 있다는 것이다.

이 글을 읽는 사람이 어떻게 생각할지 모르겠으나, 나는 1980년의 광주에서의 유혈 참극도 어쩔 수 없는 측면이 있다고 생각한다. 이유야 어쨌건 나라가 혼란스럽고, 계엄령까지 발동한 상황에서 집단 시위에 나선 것은 잘못된 일이었다고 생각한다. 더 큰 문제는 일부 세력이 5.18을 끈질기게 이용하고 있다는 것이다. 그들은 1980년대와 1990년대 중반까지 광주에서의 사망자가 적게는 수 천 명에서 많게는 수 만 명에 이른다고 주장했다.

하지만 야당이 참여한 진상조사위원회에서 최종적으로 집계한 사망자 수를 보면 그 당시의 정부 발표와 별 차이가 없다. 착오로 인한 것을 제외하면 당시의 정부는 공명정대하게 사건의 진상을 발표했다는 것이다.

재야와 야당에서는 5.18광주에서의 사망자가 자신들의 기대보다 훨씬 적게 나오자 어딘가에 행방불명된 수많은 사체가 집단으로 매장되어 있다고 주장하기 시작했다. 어떤 야당 국회의원은 과거의 공동묘지 자리를 파헤쳐서 유골이 나오자 그곳이 5.18광주의 희생자들이 매장된 곳이라고 주장했다가 사실무근으로 밝혀지자 슬그머니 말을 바꾸었다.

한 공영방송에서는 정신이상이 된 한 남자의 사연을 보도하며, 5.18광주에서의 충격적인 경험으로 정신 이상이 되었다고 하는데, 아무리 심신이 미약한 사람이라고 하더라도 시위 진압 장면을 간접 경험한 것으로 정신이 이상해질 수 있다는 게 상식적으로 이해가 되지 않았다. 그런 것을 논리적인 검증 없이 감상적으로 보도해서 사건의 진상을 모르는 시청자들에게 왜곡된 가치관을 심어주는 일이 지금도 끈질기게 계속되고 있다.

사실 정부가 바뀔 때 마다 5.18관련 단체들은 진상조사를 주장해 왔는데, 대부분 보상금이 주된 목적이 아닌가 한다. 현재 광주에는 엄청나게 많은 5.18단체들이 존재하고 있는데, 이들이 정말로 희생자들의 넋을 기리려는 것인지, 아니면 보상금을 목적으로 존재하는 것인지 궁금하기 짝이 없다.

답답한 일은 그뿐이 아니다. 김대중 정부 시절에는 화염병을 던져서 애꿎은 경찰관들을 다수 사망하게 만든 사람들을 민주화 유공자로 선정해서 많은 사람들을 충격에 빠트렸다. 또한 각종 위원회를 조직해서 재야 출신 인사들을 그 자리에 앉혔는데, 그 위원회들의 활동이라는 게 오히려 정부를 도와주는 것이 아니라, 오히려 정당한 정부의 활동을 방해하고, 혈세를 낭비한다는 비판이 강하게 제기되었다.

그 위원회 가운데 하나가 '의문사 조사 위원회'라는 것인데, 만일 공권력에 의한 억울한 죽음이 있었다면 당연히 진상이 밝혀져야겠으나, 의문사 조사 위원회가 발족하여 10년 가까이 활동을 했으나, 정말로 공권력에 의한 의문사라고 할만한 죽음은 단 1건도 밝혀진 바가 없었다. 모두가 재야와 운동권에서 퍼트린 루머에 불과한데, 그것을 밝히겠다고 위원회까지 만들고, 천문학적인 세금을 탕진했다고 하니, 참으로 기가 막힌 노릇이 아닐 수 없다.

정부가 도시 계획에 의해 무허가 건물을 철거하려고하면 세입자들까지 나서서 죽음을 불사한 극단적인 집단행동을 하고, 경찰이 진압하려고 하면 죽기 살기로 저항하다가 정말로 사람이 죽기까지 하는데, 정치인들과 언론은 이런 행태를 나무라지는 않고, 오히려 그들을 부추기고 있다.

법을 어기고, 떼를 쓰면 뭐 하나라도 얻어먹을 수 있다는 잘못된 관습이 사회에 널리 퍼져서, 자기 일에 충실한 사람은 드물어지고, 잔꾀와 거짓말로 남의 것을 빼앗는 사람만 득실거리게 되었으니, 도대체 이 나라가 어디로 흘러가고 있는지 한심스럽다.

　나이가 이만큼 되니 가급적이면 사회의 첨예한 문제에 대해서는 이렇다 저렇다 참견을 하지 않으려고 하는데, 그래도 그냥 참으면 속병이라도 생길 것 같아 나를 찾아온 지역구 국회의원에게 이런저런 일을 따져 물은 것인데, 그가 내 뜻을 제대로 이해를 하고 돌아갔는지 잘 모르겠다.

6

● 이상은 어디까지나 이상일 뿐…

모든 사람들이 차별 없고 경쟁 없는 사회에서 골고루 잘 사는 것은 인류가 시작된 이래의 꿈이었고, 이상이었다. 그래서 사회주의가 생겨날 수 있었던 것인데, 사회주의 국가치고 인간이 인간답게 사는 경우를 보지 못했으니, 어딘가 크게 잘못된 것이다.

역사 이래 수많은 민중 혁명이 있었으나, 단 한 차례도 좋은 결과로 이어진 예가 없는 걸 보면, 차별 없이 모두가 잘 산다는 것이 그리 단순한 문제가 아닌 모양이다.

우리가 익히 알고 있는 프랑스 대혁명이라는 것도, 막상 왕조를 무너뜨렸으나, 지도부간의 치열한 권력투쟁으로 이루 말 할 수 없는 혼란을 겪다가 나폴레옹이라는 걸출한 인물이 등장한 후에야 나라가 평온을 되찾았다.

러시아의 볼세비키 혁명도 왕조를 무너뜨리고 소위 인민의 나라를 만드는 것에는 성공했으나, 그 후 인민들의 삶이 더욱 처참해지더니, 스탈린 치하에서는 수천만 명이 학살당하는 전대미문의 참극이 벌어졌고, 90년대 이후에는 국민들의 저항으로 사회주의를 포기하기에 이르렀다.

내가 이런 예를 드는 것은 반공의 중요성을 강조하려는 것이 아니라, 이상을 실현시킨다는 게 얼마나 어려운 일인가를 설명하려는 것이다.

젊은 세대 가운데 모두가 평등하게 잘 살아야 하니 사회주의를 추구해야 한다, 라고 생각하는 사람을 더러 만나게 되는데, 당사자에게는 미안한 이야기지만, 그리 얄팍한 지식으로는 턱도 없으니, 본인의 앞가림에나 충실하라는 말을 해 주고 싶은 심정이다.

몇 해 전에 텔레비전을 보니 참 재밌는 프로그램을 방영해 주고 있었다. 엄마가 예닐곱 살의 아이에게 돈을 쥐어주고 시장에 가서 반찬거리를 사 오라고 심부름을 시키는 내용이었다. 아이 혼자 시장까지 가서 반찬거리를 사 오는 과정을 카메라에 담았는데, 그 과정이 너무나 아슬아슬하고 재밌었다.

무섭게 생긴 개를 만나서 가까운 길을 빙 돌아가기도 하고, 중간에 너무나 맛있는 군것질의 유혹을 받고 얼마간의 돈을 탕진하기도 하고, 동네 친구가 함께 어울려 놀자는 유혹 때문에 갈등하느라 시간을 낭비하고, 막상 시장에 접어들어선 후에는 반찬거리를 적은 쪽지를 잃어버려서 아연실색하고……. 아무튼 시장에 가서 반찬거리를 사는 단순한 일을 하는 동안에도 주인공 아이는 무수히 많은 난관을 헤쳐 나가야 했다.

이 프로그램은 시청자를 위해 재밌게 꾸며진 것이지만, 보는 이에 따라서는 인생의 단면을 느낄 수도 있지 않나 싶다. 돈이건, 이상이건, 권력이건, 어떤 목표를 정해 놓고, 그것을 실제로 이루기 위해서 우리는 너무나 험난하고 너무나 다양한 장애물을 거치지 않으면 안 되게 되어 있다.

물론 고관대작의 아들로 태어나서 말만 하면 원하는 걸 다 얻을 수 있는 사람도 더러는 있겠으나, 그런 사람이 남과 다른 인생의 목표를 정하기는 힘들 것이고, 또 그런 사람은 아주 극소수의 예외적인 경우이다.

대부분의 사람들은 목표를 이루기 위해 온갖 파란과 곡절을 겪어야만 하고, 또 설령 그것을 쟁취하였다고 하더라도 끝이 아니며, 그것을 지키기 위해 밤잠도 안 자고 노력을 해야 한다.

개인의 목표를 달성하는 것도 그리 어려운데, 모두가 평등하게 잘 사는 이상을 실현 시킨다는 게 말처럼 쉬울 리가 없는 것이다. 정치인들이 나와서 모두가 잘 살고 부정부패가 없으며, 차별이 없는 나라를 만들어놓겠다고 공언들을 하지만, 그들이 하는 말의 1/100도 실현되는 걸 본 일이 없었다.

이상적인 국가라고는 말 할 수 없으나, 그래도 지구촌에서 좀 사람답게 사는 나라를 꼽으라고 한다면 덴마크 같은 나라가 아닐까 생각하고는 있다. 또한 아프리카의 라한나 헤프리 여사가 만든 공동체도 인간성을 유지하면서 나름대로 잘 사는 시스템이 아닌가 한다.

나 역시 나이가 든 만큼 다양한 경험을 했으니, 이 경험을 토대로 평화의 촌이라는 공동체를 계획하고 있다. 차별이 없고 경쟁이 없는 이상향의 공동체를 만들려는 것인데, 물론 출발은 미미하겠으나, 만일 이 시도가 성공을 하면 나라 전체에 파급이 될 수도 있겠으니, 매우 중요한 일이라고 생각하고 있다. 급하게 시도할 일이 아니라서 지금은 이모저모를 살펴보고 있는 중이다.

내가 하고 싶은 말은, 이상을 추구하는 것도 좋으나, 모든 것이 섣불러서는 안 된다는 점이다. 무리한 시도를 하면, 계획이 실패하는 것도 문제지만, 그 부작용이 다른 사람에게도 미칠 수 있고, 때로는 국가적인 불행으로 이어질 수도 있다.

과거의 정권에서 정의라는 미명으로 시행했던 많은 개혁 정책들이 그 순간만은 국민들에게 인기를 끌었으나, 시간이 흐를수록 오판이었음이 분명해지고, 그 부작용으로 나라 경제 전체가 정체되는 걸 지켜본 나로 서는, 정치인들이 주장하는 정의라는 것에 대해 상당히 회의적이다.

　진짜 정의로운 사회는 국민들의 의식 수준이 높아져야 가능한 것이 아닌가 싶은 생각이 든다.

7

● 대한민국이라는 이념으로 뭉쳐야 한다

근래의 이 나라에는 이념이 사라졌다는 생각이 든다. 그것이 큰 문제이다. 이념이라고 해서 공산주의와 자본주의의 이념을 말하는 것은 아니다. 대한민국이라는 나라를 이끌어 가는 정체성이 실종되었다는 뜻이다. 그러다보니 국민들이 누구를 위해, 그리고 무엇을 위해 살아야 하는지를 몰라 방황하고 있는 모습이 내 눈에는 선하게 보인다.

60년대 70년대에는 비록 풍족하지는 못했으나, 그래도 어떻게 해서건 잘 살아보자는 커다란 이념이 존재하였다. 나라의 지도자가 강력한 지도력을 발휘해서 나라를 이끌어 가니, 모두가 대한민국이라는 나라의 구성원이라는 일체감이 강하게 있었다.

외로울 사이도 없었고, 방황할 여유도 없었다. 나 역시 나라의 뜻에 따라 새마을운동에 적극적으로 동참하였고, 노인회 회장으로 마을을 위해 봉사하였는데, 단 돈 1원도 생기는 것이 없었음에도, 마을을 위해, 그리고 나아가서 나라를 위해 일을 한다는 사명감이 강하게 있었으니, 저절로 신명이 났던 것이다.

시대가 급변하니, 사람들은 저 마다 개인의 자유를 들먹이는데, 나도 세상구경을 꽤 하였으나, 그네들이 정말로 자유의 참 뜻을 알고 개인의 자유를 들먹이는 건지 의아하지 않을 수 없다. 국가 권력이라는 게 무슨 조직 폭력배라도 되는 듯이 여기고, 나라가 자신들에게 큰 해를 끼치기라도 한 것처럼 갑론을박을 벌이는데, 물론 과거 산업화 시대에 다소간의 비민주적인 사건도 없지는 않았겠으나, 사람들이 알면 깜짝 놀랄만한 권력의 남용이 있었다는 이야기는 들어보지 못하였다.

오히려 자유를 들먹이고 민주화를 들먹이는 사람들이 서로를 얽매고 돈에 좌지우지되는 경향이 더 강하니, 차라리 강력한 지도자가 등장해서 전 국민을 단결시켰던 시기가 비교적 사람답게 사는 시절이 아니었던가 나는 그렇게 생각하고 있다.

나는 특정 정당을 지지하거나 반대하지는 않는 편이나, 소위 민주화 세력이 어렵게 권력을 잡았음에도, 그 시기가 살기 좋았다는 사람은 찾기가 어렵고, 퇴진한 후에는 군사 정부 시절 못지않게 측근들의 비리로 몸살을 앓더니, 종당에는 전직 대통령이 비리가 적발되자 투신자살로 생을 마감하는 전대미문의 참사가 발생하게 되었다.

민주화나 자유를 말하는 사람들은 무한정의 자유가 필요하다고 하는데, 사실 나라에서 말리는 일은 구태여 해봐야 살아가는 데 별 도움이 안 되는 것들이고, 또 나라에서 금지하는 서적을 구태여 보아봐야 개인에게 무슨 득이 될 리도 없는 것이며, 나라의 발전에도 별 도움이 안 되는 것들이다. 물론 국민의 의식수준이 높아져서, 공산주의를 합법화해도 지장이 없는 정도라면 무한정의 자유를 허용하는 것도 고려해 볼 수 있으나, 내가 생각할 때 우리나라는 아직 갈 길이 먼 상태이다.

그러니 나라의 지도자가 좋은 뜻으로 국민들을 통제하고 통솔했던 것인데, 지엽적인 문제로 시비를 걸고, 사회의 작은 모순도 침소봉대하여 모두 나라의 잘못인 것처럼 선동을 해 대는 게 참 기가 막힐 노릇이다.

사람이 살아가는 방식은 다양할 수 있고, 자유로운 의사표현도 있어야 하는 건 맞지만, 남북이 첨예하게 대치하고 있는 상황에서 나라의 안위는 어떻게 되건 상관없다는 식으로 잘못된 유언비어만 무한정 쏟아내는 사람들이 여전히 득세하고 있는 상황에서, 지도층이 아무런 방비도 하지 않을 수 없는 것인데, 그것도 법의 테두리 안에서 처벌하는 것을 두고 권력의 남용이니 어쩌니 하는 것은 도무지 사리에 맞지 않는 말이다.

이쪽이 시대에 뒤떨어져서 고작 할 수 있는 것이라야 모여서 반공 집회를 여는 것 정도인데, 이것을 보수꼴통이니 어쩌니 하면서 막무가내로 비하를 하니, 참으로 답답하고 안타까운 노릇이다. 그네들의 집회를 보면 우선 각종 조직이 치밀하게 준비를 하고, 어느 경우는 연예인까지 합세를 하여 떠들썩하고 광적이니, 우선 재미가 있다는 것인데, 이쪽이야 나이든 사람들이 모여 그저 악이나 쓰는 정도이니, 도저히 그네들을 이길 수가 없는 것은 사실로 인정을 한다.

그러나 우리가 그네들을 지켜보는 심정은 수렁에서 한 사람이라도 더 구해내자는 것임을 그네들이 알고나 있는지 모르겠다. 물론 우리는 세련되지도 못하였고, 조직이 일사분란하지도 못하지만, 하늘의 뜻이 우리에게 있음은 다 알고 있다하겠다.

개혁도 좋고 민주화도 좋지만, 그것도 다 한 때이며, 그것을 주도하는 몇몇만 빼고는 시간이 흐르면 다 삶의 주변부를 겉돌게 될 것인데, 그러느니 대한민국이라는 커다란 이념 아래 단합하여 더 잘사는 나라를 만드는 것에 일조함이 이 나라의 장래를 위해 바람직하지 않겠는가 하는 것이다.

8

● 국민들의 의식 변화가 가장 중요하다

사람의 의식이 변해야 살기 좋은 나라가 되는 것인데, 그것이 참 어렵다. 국민들의 의식 수준에 따라서 정치도 달라지는 것인데, 무작정 민주주의만 요구하는 것은 무책임한 태도일 수 있다는 것을 알아야 한다. 미국이나 일본은 공산주의가 합법화하여 누구라도 공산주의를 주장할 수 있다고 하는데, 그것을 우리나라가 곧장 도입하는 것은 매우 위험한 일이다.

우리 사회의 여론은 아직도 유언비어에 취약하기 때문에 어느 정도는 자유를 제한해야 하는 게 아닌가 그렇게 생각하고 있는 것이다. 중요한 것은 사람으로 서의 도의라는 것인데, 그것을 잘 알고 실천하는 사람이 많지 않으므로, 정치 지도자에게는 엄격함이 생명이라 하겠다.

다양성의 측면에서도, 과연 우리 사회가 여러 가지 다양한 주장을 인정하고 포용하는 사회인지 되돌아 볼 필요가 있는 것이다. 사람들의 여론이라는 것이 누구 하나를 나쁜 사람으로 몰아가면, 모두가 아무 이견 없이 너도나도 동조를 하니, 흑백은 가려지지 않고 어떤 측면에서는 희생양만 만들고 있는 게 아닌가 하는 생각도 있다.

자유라는 것은 그것을 누릴 자격이 있는 사람에게만 주어지는 것이다. 법이 있건 없건 매사에 도의와 신의를 지키며 양심대로 잘 사는 사람이라면 얼마든지 자유를 주어도 적당한 균형을 이루면서 잘 살아가겠으나, 그렇지 못한 사람이라면 극한까지 자기주장을 하고, 남에게 심한 피해를 주면서까지 자기주장을 할 테니, 이런 사람에게 자유를 주면 주위 사람은 물론, 종당에는 나라 전체에까지 악영향을 끼칠 수가 있게 되는 것이다.

그러니 민주주의라는 말은 참 좋은 것이기는 하지만, 그것을 일률적으로 적용해야 한다는 주장은 위험하다는 것이다. 민주주의의 천국인 미국에서도 법을 어기면서 시위를 하면 곤봉으로 사정없이 제압한다는 사실을 잘 알고 있다. 그런데 우리의 경우는 공권력이 너무 우유부단하여 불법 시위를 하는 사람들이 하나도 무서워하지를 않으니, 나라에 기강이 서지가 않는 것이다.

내가 여기서 중요하게 이야기 하려는 것은 정치 이야기도 아니고 민주주의 이야기도 아니다. 사람 개개인의 각성이다. 살다보면 때로 실수도 할 수가 있고, 또 젊을 때는 과격한 주장을 할 수도 있는 것이기는 하나, 그것이 어느 정도 적당한 선에서 이루어져야 하지 않느냐는 것이다. 자기주장을 하는 방법에도 염치가 없다면, 살아가는 모든 일에도 그러할지니, 누가 그에게 중요한 책무를 맡기면 반드시 염치를 모르고 비리를 저지를 것이 백퍼센트 확실하다 하겠다.

삶의 자세에 관해서는 옛 선현들이 이미 다 갈파를 하고 방법을 제시하였다. 바로 중용의 사상이라는 것이다. 어느 것이건 지나치면 탈이 나는 것임을 알고, 적당한 선에서 균형을 맞춰 살라는 것이 중용의 사상인데, 이것만 제대로 깨닫고 실천을 해도 우리나라의 국민성은 일취월장 발전할 것이 틀림없다하겠다.

앞에서 내가 살아가며 배우는 것이 참 지식이라고 했던 것도 결국은 같은 이야기이다. 살다보면 여러 가지 시행착오를 겪게 될 텐데, 그리하며 배우는 것이라면 결국 어느 것이든 지나치면 좋지 않다는 것일 게다. 경쟁 사회이니 경쟁을 하는 건 당연하지만, 남에게 못 할 짓을 해서라도 우위에 서려하고, 돈을 버는 것도 너무나 악독한 방법으로 벌게 되면, 설령 권력을 잡고 돈을 벌더라도 그것이 과연 가치 있는 것인지 의문이 들지 않겠는가.

결국 중용이라는 것은 염치를 지키며 산다는 것이며, 염치라는 것은 사람다움을 좀 지키면서 산다는 뜻이다. 그런데 우리나라는 너무나 어려운 시절을 살아서 그러한지는 몰라도, 도대체가 사람다움을 지키려는 사람이 드물게 되어 권력이건 돈이건, 그것을 두고 염치없이 다투는 일이 비일비재하니, 지도층들이 그러할 진데, 일반 백성들이야 오죽하겠는가싶다.

  사람이 염치를 지킬 줄 안다면, 나라에서 무제한의 자유를 허용하더라도 어디에 휩쓸리는 경향이 없을 테니, 그것이 바로 선진국이요, 1등 국가가 아니겠는가. 물론 현재 우리나라의 국운이 상승기이니 차츰 나아질 것은 분명하나, 그 속도가 아직은 더딘 듯 하여 분발을 바라는 마음으로 이 내용을 적은 것이다.

9

● 우리가 나아가야 할 길

대한민국이라는 나라의 국민으로 서, 내 나라의 미래에
관해 묻는다면 긍정도 아니고, 부정도 아니랄 수 있다. 1만
여 년 전 바이칼 호수에 뿌리를 내리고 세계를 지배했던 선
조들의 기상으로 본다면 당연히 우리 대한민국이 머지않아
세계를 지도할만한 위치에 설 것이라고 확신하나, 그럼에도
불구하고 우리 내부의 문제가 첩첩히 쌓여 있어 그 길이 저
절로 열리는 것은 아니라고 보고 있다.

마라톤을 예로 들면, 선수의 체력이 아무리 우수하다고
판정을 내리더라도, 실제의 마라톤 시합에서 잘 뛰어야 1등
을 하는 것이지, 체력이 남보다 우수하다는 판정만으로 1등
이 되는 것은 아니지 않는가. 우리나라의 국운은 지금 굉장
한 상승기라고보고는 있으나, 운이 좋으니 그냥 가만히 있
으면 저절로 1등 국이 되는 것은 당연히 아니다. 다만 여건
은 충분하다는 것이다.

그렇다면 우리가 고쳐야 할 것은 무엇인가. 다른 장에서 다 이야기 한 것이지만, 보다 알기 쉽게 정리를 해 보도록 하겠다.

역시 가장 중요한 건 국민 개개인의 의식 개혁이다. 강제적인 수단을 동원하여 국민들의 의식을 바꾸려는 것은 전근대적인 방법이니 지금은 통하지 않을 것이다. 그러니 국민들 스스로가 각성을 해야 한다. 내 편의도 중요하지만, 남도 배려해야 해야, 궁극적으로 모두가 화평하다는 걸 깨달아야 하는 것이다. 돈을 벌려는 것은 궁극적으로 더 잘살기 위한 것인데, 너무 돈에만 치우치면 오히려 행복하지 못한 인생이 될 수도 있음을 알아야 한다. 이런 것은 백 마디의 말보다, 살아가면서 절실히 깨우치는 게 좋다. 상점에 들어가서 물건을 사려하면 점원이 즉각 다가와 이것저것을 물어보는데, 말은 참 곱게 하나, 그리하면 소비자가 부담을 느끼게 되어 편하게 방문하기가 어렵다. 이런 것을 좋게 보면 우리나라의 특성이라고 할 수도 있으나, 나쁘게 보면 장기적인 관점으로 영업을 하는 것이 아니라, 당장 소비자를 현혹시켜서 얼마라도 벌려는 것으로 보일 수가 있다. 이런 것도 다 개선되어야 할 점들이니, 각자의 자리에서 변화를 꾀해야 할 것이다.

두 번째는 공동체 의식이다. 나는 과거 노인회 회장을 맡았을 때 마을의 청소년들이 문제를 일으키면 어른들이 회초리를 들고 종아리를 때리도록 했다. 아프라고 때린 것도 아니고, 실제로 아프게 때린 것도 아니었다. 다만 나는 자라나는 아이들에게 함께 살아가는 공동체 의식을 심어주고 싶었던 것이다. 지금 이 사회에는 사람마다 벽이 너무 높은데, 기성세대가 먼저 나서서 그것을 허물어야 되지 않나 그런 생각에 그리 했던 것이다. 세대별로 나뉘고, 지역별로 또 나뉘어 있으니, 중요한 일에 대해 단합이 되지 않고 있고, 또 대한민국 전체를 이끌고 가는 이념이 부재한 것이다. 미국이라는 나라는 자유라는 가치를 숭상하기에, 아무리 오색인종이 모여 있더라도 자유라는 큰 가치에 공감을 하고 있는 것인데, 이제는 우리도 거국적인 시각에서 대한민국이 지향해야 할 이념이 정립되면 좋겠다고 생각하고 있다. 나는 홍익인간 이화세계의 정신으로 단합을 하면 어떨까 하는 생각이 있으니, 사회의 지도층들이 이점에 관해 고민을 해 주기를 바라고 있다.

세 번째는 물질보다는 정신을 중히 여기는 전통이 복원되어야 하겠다. 과거가 다 좋다는 건 아니나, 예를 숭상하고 절개를 지키며 살았던 선조들의 정신은 지금도 꼭 필요한 것이다. 그렇다고 입산수도해서 도를 닦으라는 것은 아니다. 일상생활에서 변화를 꾀하면 좋다는 의미의 말을 하는 것이다. 우리나라가 아직은 과도기라서 그렇겠지만, 모든 면이 너무 번잡하고 소란스러운 편이다. 이제 우리도 배고

픈 시기는 극복을 하였으니, 마음의 여유를 갖고 살았으면
한다. 그리되면 돈을 보는 방법도 달라질 것이다. 지금까지
는 아전투구를 하지 않으면 돈을 벌 수가 없었으나, 많은
생각을 통해서 부가가치가 높은 상품을 개발한다면 굳이 아
쉬운 소리 해 가면서 돈을 벌 필요가 없어지지 않겠는가.

　네 번째는 지금 당장이 아니라 먼 미래를 생각하며 살아
가자는 것이다. 정치인도 당장 인기를 좀 끌려고 정책을 펴
지 말고, 지금은 욕을 먹더라도 나중에 좋게 평가 받을 수
있는 정책을 많이 펼쳐야 하고, 지도층들도 이것저것 눈치
보지 말고 바른 말을 많이 해 주기를 바라고 있는 것이다.
과거에 반정부 활동을 하던 한 종교인이 최근에는 반정부
세력의 좌경화를 강도 높게 비판하고 나서서 눈길을 끈 일
이 있었다. 그가 몸담았던 좌파 진영에서는 그를 배신자라
고 부른다고 하던데, 내가 볼 때는 참으로 용기 있는 태도
라고 아니할 수가 없다. 배신자 소리를 좀 듣더라도 나라를
생각해서 용기를 낸 것이니, 이러한 바른 사람들이 사회의
많은 곳에서 자기 목소리를 내 주어야 하고, 그것을 지지해
주어야 하는 것이 아닌가 이렇게 생각하고 있는 것이다.

10

● 나라를 이끌고 갈 인재가 필요하다.

　한 명의 천재가 천 명을 먹여 살린다는 말이 있다. 그런
데 어디 천 명뿐이겠는가. 훌륭한 인물이 나라의 지도자가
되면 전 국민의 생활이 풍족해지니, 사실은 수천만 명 이상
을 먹여 살린다고 해도 과언이 아니다. 내가 다른 장에서도
밝혔지만, 우리나라가 지향할 길은 세계무대 밖에는 없다고
생각한다. 그러자면 세계무대에서 활발하게 활동할 수 있는
능력 있는 인재가 등장해야 한다.

　미국의 경우도 20세기 안팎에는 천재 발명가인 에디슨
이 등장했고, 자동차를 대중화 시킨 포드도 그때 등장했
다. 근래에는 영화와 컴퓨터 분야에서 걸출한 인재가 등장
하여 세계 시장을 누비고 있으니, 참으로 대단하다는 생각
을 한다.

　자원도 없고 나라도 좁은 우리나라에서는 인재의 등장

이 더더욱 필요하다고 할 수 있겠다. 그런데 단지 머리만 좋은 인재로는 좀 부족한 듯하다. 물론 우선은 머리가 뛰어나야 남보다 앞선 제품을 만들겠지만, 그와 함께 인격도 출중하고 애국심도 넘친다면 금상첨화가 아닌가 하는 것이다.

사람의 능력이라는 것은 내가 생각할 때 사물을 바르게 보고, 바르게 생각하며, 바르게 사는 것에서 비롯되는 것이 아닐까 한다. 바른 사람이라면 바르게 노력을 할 테니 실력이 일취월장 발전할 것이 틀림없는 것이다. 허영심만 가득한 사람은 무엇을 하더라도 제대로 하지 않을 테니, 당장은 잘하는 것처럼 보일지라도 조금 시간이 지나면 본색이 들통나서 퇴출될 것이다.

사실 내가 살아온 시대는 먹고 사는 것이 급선무였기 때문에 여유를 갖고 무언가를 배울 시간이 없었다. 더구나 나는 일찍 결혼하여 처자식과 부모님까지 식구를 부양해야 했으니, 죽어라고 일만 하는 것이 내가 할 수 있는 최선이었다. 조금 늦은 나이에 공부가 하고 싶어 여러 곳을 다니기는 했지만, 이미 활발하게 활동할 시기가 지나서 새로운 도전을 하기에는 역부족이었다.

그런 아쉬움이 마음속에 늘 있어서 자라나는 세대에게 큰 기대를 하고 있는 것인지도 모르겠다. 매스컴을 보면 다양한 분야에서 좋은 인재들이 등장했다고 하니, 실제로 그들을 접한 것은 아니어서 확신은 할 수 없겠으나, 역시 우리 나라의 국운이 상승하고 있어서 좋은 인재들이 나타나고 있는 것 아닌가하고 긍정적으로 생각한다.

내가 컴퓨터 같은 첨단 산업에 문외한이라서 그 방면에 대해 무어라고 조언을 할 입장은 전혀 아니다. 다만 내가 살아온 경험으로 이야기를 해 주자면, 사람은 다 때가 있지 않나 하는 것이다. 봄에는 씨를 뿌려야 하고, 여름에는 김을 매서 가을에는 수확을 하는 것이 이치이듯이, 사람도 오랜 준비 기간을 거쳐서 때가 되었을 때야 실력 발휘를 하게 되는 것이라고 생각하고 있다.

그러니 지금은 다소 어렵더라도 크게 절망할 필요가 없는 것이다. 인생은 길다. 지금은 꼴등일지라도 언젠가는 1등이 될 수 있는 것이 인생이다. 생각해보라. 지금 각광 받고 있는 컴퓨터의 전문가들이 100년 전에 전성기를 맞이했다면 어땠을까? 컴퓨터에 대한 지식을 활용할 수가 없어서 평범하게 살거나, 아니면 평범한 수준도 되지 않았을지 모른다. 컴퓨터라는 산업이 발달을 했으니, 컴퓨터 전문가들이 각광을 받고 있는 것이다. 다시 말해서 시대가 영웅을 만든다는 뜻이다.

나 역시 농사를 지을 때 나만의 독창적인 성공 노하우가 분명히 있었으나, 그것을 제대로 활용하기 시작한 것은 인생의 중반이 지난 후였다. 이제는 나의 생각대로 시도를 해 볼 때가 되었다는 판단이 서서 실천을 해 보았더니, 아니나 다를까 여지없이 큰 성공을 거두게 되었던 것이다.

아마도 모름지기 정말로 나라에 필요한 인재라면 자신만의 노하우를 지니고 있을 것이 틀림없다. 그런데 섣부르게 시도를 해서 실패를 하면 타격이 얼마나 크겠는가. 젊은이들이 빨리 성공하고 싶은 마음은 나도 충분히 이해를 하는 편이지만, 때를 기다리는 마음으로 좀 자중자애 하는 것도 필요하다는 것이 나의 생각이다.

아울러서 인간됨에도 신경을 써야 한다. 사람이 아무리 잘나도 뒷말이 많고 신임을 잃으면 평탄하게 자기 길을 개척하기가 힘들다. 그러니 자신에게 능력이 있다고 생각할수록 겸손과 겸양을 실천하여 누구에게라도 훌륭한 사람이라는 평가를 받도록 노력해야 할 것이다.

또 하나의 중요한 사항은 자립정신이다. 세상인심을 탓하기 전에 스스로 험한 길을 개척하겠다는 자세를 가져야 한다. 너무 좋은 환경에서 아무 어려움 없이 성공하게 되면 사람이 너무 우유부단해질 수 있다. 사람이란 좋은 면도 있어야겠으나, 아울러서 좀 매운 맛도 있어야 하는 법이다. 사람이 너무 좋기만 하면 다른 사람의 농단에 휘둘릴 수가 있는 것이다.

이렇게 써 놓고 보니 요구 사항이 참 많은 것 같다. 능력도 출중하고 애국심도 있으며, 주위의 평판도 좋아야하니,

역시 아무나 인재가 되는 것이 아니다. 그러니 1인자의 길
은 늘 외롭고 험난한 것 아니겠는가.

　혹시 자기 분야에서 최고가 되려는 사람이 이 글을 읽는
다면 작게라도 격려가 되었으면 좋겠다.

11

● 바른 말, 바른 행동의 중요성

동북아재단에서 주최하는 세미나에 참석했을 때의 일화이다. 사실 그때 나는 큰 실망을 했더랬다. 중국의 역사 왜곡에 대해 당당하게 대처를 못하고 있는 상황에서 수 천 만원의 보조금을 받아 의미 없는 세미나를 하는 게 어떤 면에서는 한심스럽게도 생각이 되었다. 세미나 이틀째 되는 날 점심을 함께 하게 되었는데, 그 자리에서 나는 중국의 역사 왜곡에 대해 좀 더 강경하게 대처해 달라고, 학자들에게 주문을 했다. 그러자 법학을 전공 하는 한 교수가 우물쭈물 대답을 했다.

"우리가 강하게 대처를 못하는 이유는 중국과의 외교 문제로 비화될 수 있기 때문입니다. 이건 국익에 관한 것이기 때문에 함부로 따져 물어서는 안 되는 것입니다."

나는 격분하여 따져 물었다.

"김교수님! 김교수님이 정치인이라면 모르지만, 학문을

연구하는 교수이신데, 어째서 중국과의 관계를 염려해야 하는 것인가요?"

나의 격분한 태도에 당황한 그는 대답을 못하고 슬그머니 자리를 피해버렸다.

사실 이것은 역사 문제에 극한된 것은 아니다. 사회 어디에서나 할 말을 제대로 하는 사람이 드문 세태이다. 모두가 남의 눈치를 보고 있다고 해도 과언이 아니다. 정치인은 국민들의 표를 의식해서 올바른 정치를 못하고, 기업가는 권력자의 눈에 날까봐 할 일을 못하고, 언론은 자신들의 지지세력의 비위를 맞추느라 사실을 사실 대로 보도를 안 하고……. 지도층이 이 모양이니 배경 없고 돈 없는 보통 사람들의 입장은 두 말 할 필요가 없는 지경이다.

물론 좋게 보면 다 먹고 사느라 남 눈치 보는 것이라고 할 수도 있는 것이지만, 그런 식이라면 평생 자기 마음속의 이야기는 손톱만큼도 꺼내보지 못하고 세상을 뜨게 될 것이다. 내가 살아보니 한국 사회의 큰 문제가 서로 흉금 없이 진실을 이야기 하는 것이 참으로 부족하다는 것이다.

용기라는 것이 거창한 것은 아니라고 본다. 지금 이 시대는 바른 말을 하는 것이 가장 큰 용기랄 수 있다. 바른 말이란 무엇인가? 무조건 약자 편을 드는 것이 바른 말인가? 전혀 그렇지 않다. 사회의 약자라도 문제가 있으면 지적을 해 주어야 한다. 오냐오냐만 하면 나중에는 할아버지의 수

염을 붙잡고 장난을 친다는 옛말이 괜히 나온 것이 아니다. 사회의 어른으로 서 잘못된 것을 정확하게 지적을 해 주지 않으니 이 사회가 지금처럼 혼란스러운 것이 아니겠는가.

우리나라는 법치국가로서, 모든 것을 법으로 다스려야 옳은 데, 그것이 안 되고 있고, 그것이 안 되고 있음에도 이 것을 문제로 부각 시키는 언론을 찾아보기 어려우니, 너도 나도 법을 어기고 거리로 쏟아져 나와 불법 시위에 가담하는 것이 아니겠는가.

마거릿 대처 영국 수상에 대해 잘 알고 있을 것이다. 그녀가 수상으로 취임할 당시 영국은 소위 영국병이라는 것으로 몸살을 앓고 있었다고 한다. 강성한 노조의 파업이 하루가 멀다 하고 일어났고, 지나친 복지 정책으로 정부의 재정은 파탄이 나 있었다. 이러한 상황에서 광산 노조가 또다시 불법 파업을 일으키자 대처 수상은 무장 병력을 투입해서 이를 진압했다. 그 당시 진압 과정에서 사망자까지 발생하였다고 한다.

지금의 우리에게 참으로 필요한 모습이라고 생각한다. 아무리 법을 어겨도 좋은 게 좋은 것이라는 식으로 넘어가기만 하는 우리 사회는 지금 썩을 대로 썩어 있다고 보아야 한다. 그렇다고 대처 수상처럼 강경한 정치인이 나와야 한다는 의미가 아니라, 문제를 정확히 지적하는 용기 있는 정치인이 나와야 한다는 뜻이다.

역사 학자가 중국과의 외교 분쟁을 염려해서 역사 왜곡에 제대로 대처를 못하듯이, 정치인들은 인기를 잃을까봐 이리 저리 끌려 다니고 있는 것이 아닌가. 사회의 모든 것이 그런 식이다. 아무도 이 혼란스러운 상황을 타개하려고 하지 않고, 그저 먹고 살기만 하면 된다고 생각을 하고 있으니, 자라나는 세대가 무엇을 배우겠는가.

이 시대의 진정한 용기는 남을 의식하지 않고 바른 말을 하는 일이다. 남의 비위를 맞추는 사람은 너무 많고, 너무 많아서 더 이상 필요가 없다. 잘못된 것을 잘못되었다고 말하고, 잘한 것을 잘했다고 말하는 것은 너무나 당연한 것임에도, 우리 사회는 모든 것이 거꾸로 되어 있으니, 이러한 악습이 발전을 한없이 지체 시키고 있는 것 아니겠는가.

물론 지금은 그러하더라도 앞으로는 달라질 것이라는 믿음은 있다. 시대가 정역의 시대로 접어들면, 음흉한 것은 차츰 사라지고, 바른 말과 바른 행동이 전면에 나설 것이 틀림없다. 또한 정보 통신의 발달로 진실을 숨길 수도 없는 시대가 되어 가고 있다. 이러한 내용은 이미 앞에서도 밝혔으나, 중요하다고 생각하는 문제라서 다시 한 번 강조하는 것이다. 무엇이든지 바로 이야기하고, 바로 행동하는 것이 필요하다. 정말 꼭 필요하다.

12

● 회초리가 필요하다

참으로 답답한 뉴스를 보았다. 우리나라 초병이 오인을 해서 국내의 민항기를 향해 90발 가량의 사격을 했다는 뉴스였다. 만일 소총이 아니라 발칸포로 조준 사격을 했더라면 엄청난 참변이 발생할 수도 있었던 아찔한 순간이었다. 지난번의 천안함 사건도, 사건 자체는 어쩔 수 없다고 하더라도, 구조 과정에서 10명의 아까운 목숨이 희생되는 안타까운 일이 있었다. 또한 연평도 포격 사건 때도 대응이 미온적이어서 국민들의 공분을 산 일이 있었다.

위기는 어쩔 수 없이 발생하는 것이지만, 위기 대응에 문제가 있다는 생각이 든다. 평온한 일상이 유지되려면 모두가 자신의 맡은 바 직무에 충실해야 한다. 내가 사회의 여러 곳을 운수행각하며 느낀 바가 있으니, 그것은 모두가 말만 앞세우고, 정작 자기 직분에는 소홀하다는 점이었다.

말만 앞세우고, 허영이 넘치는 사회는, 위기가 닥치면 사분오열 될 수가 있다. 우리나라는 공산치하인 북한이 코앞에서 호시탐탐 노리고 있는 매우 위험한 나라인데, 군인들이 긴장을 풀고 직무에 충실하지 못하다면 국민들이 안심하고 자기 일을 할 수가 없다. 어디 군인뿐이겠는가. 사회 여러 곳의 기강이 너무나 해이해져 있는 듯 하여 답답하고 안타깝다.

어디서나 넘치는 것은 사교와 접대뿐이다. 지금 같은 불황기에도 부촌에는 룸살롱이 장사가 잘 된다고 하니, 참 의아하고 한심스럽다. 모두가 남의 비위를 맞추느라 큰돈을 들이고 있으니, 거래처가 물건을 엉망으로 만들어도 얻어먹은 게 있어서 따질 수가 없을 것이요, 부실 공사를 해도 공무원이 적발을 할 수가 없을 것이다.

사회 곳곳이 이러하니, 군인들에게만 나라에 충성하기를 바라는 것도 불공평한 것이다. 너도나도 먹고 마시느라 정신이 없는데, 아까운 청춘을 바치며 입대를 한 사병들만 맡은 일에 충실하라고 하기도 참 미안한 일이 아닌가 한다.

앞장에서 내가 노인회 회장을 맡을 때 청소년들이 탈선을 하면 부모를 대신 해 마을의 어른들이 회초리를 때렸다는 이야기를 한 바가 있었다. 남의 자식에게 매를 든다는 것은 참 쉽지 않은 일이고, 갈등의 소지도 있다. 그럼에도 그것을 강행했던 것은 마을에 기강이 잡혀야 살기가 수월하다는 걸 알았기 때문이다.

꾸짖는 일은, 듣는 사람도 기분이 상하겠지만, 꾸짖는 당사자도 참 힘든 일이다. 특히 요새처럼 험한 세상에서 나이 어린 사람들에게 싫은 소리를 하는 일은 어떤 면에서는 위험하기까지 하다. 만일 당사자가 반항하면 봉변을 당할 수도 있는 것이다.

그러하더라도 자기 목소리를 내는 어른이 많아져야 한다. 사회에 어른 같은 어른이 있어야 기강이 생기는 것이고, 기강이 있어야 모두가 자기 맡은 바 직분에 충실한 것 아니겠는가. 민주화라는 것이 좋은 측면도 있으나, 준법정신과 질서의식 같은 것까지 도매금으로 사라져버린 듯 하여 안타까움이 생긴다.

자유민주국가이니 시위는 할 수가 있겠으나, 너무나 폭력적이고 집요하여 국민들에게 심리적인 불안감까지 야기하는 상황이다. 그에 반해서 공권력은 무기력하여 오히려 국민들의 동정심을 받는 지경에 이르렀다고 하니, 이것을 어떻게 뜯어고쳐야할지 모르겠다.

지도층의 잘못이 가장 크다. 광우병 소고기 문제로 서울이 무법천지가 되었을 때 대통령이 단호하게 법을 집행하지 못하고, 오히려 청와대 뒷산에서 아침이슬을 들으며 참회를 했다고 하니, 시위를 하는 쪽은 더욱 기세등등해져 당장이라도 나라를 집어 삼킬 것처럼 난폭해지지 않았던가.

봉변당할 것을 무릅쓰고 과감하게 회초리를 들 수 있는

어른이 많아져야 한다. 물론 정말로 봉변을 당하는 경우도 더러 있을지 모른다. 그래도 계속 해야 한다. 여기서 밀리면 끝장이라는 마음으로 기성세대가 나서서 회초리를 들고 법을 어기는 사람들의 종아리를 때려야 한다. 법을 어기고, 질서를 지키지 않으면 안 된다는 걸 젊은 세대에게 뼈아프게 가르쳐줘야 한다. 6.25전쟁 때 공산군으로부터 나라를 구하기 위해 목숨을 걸고 반공활동을 했던 나로서는, 이 나라가 엉뚱한 방향으로 흘러가는 걸 눈 뜨고 지켜볼 수만은 없다. 뜻있는 분들의 분발이 있었으면 좋겠다.

13

● 세계로 눈을 돌려라

신문을 보니 우리나라의 소녀시대라는 그룹이 유럽에까지 진출해서 큰 환영을 받았다고 한다. 늘 외국가수를 초청하는 것만 보아온 나로 서는 참으로 놀라운 일이라는 생각을 했다. 해외로의 진출은 당연한 것이며, 또 그렇게 추세가 흘러갈 것이라고 생각한다. 우리나라는 지리적으로도 작고, 인구도 적은 편이라서 발전에는 한계가 있기 마련이다. 나라가 부강해지려면 일류의 인재들이 많이 등장하여 세계무대를 상대해야 한다. 아마도 앞으로는 점점 그리될 것이라고 믿는다.

사람이 많은 데 먹을거리가 적으면 어찌 되겠는가? 당연히 분란이 일어난다. 먹을거리가 적으니, 갖은 수를 다 써서라도 남보다 많이 차지하려고 하기 때문에 분란이 일어나지 않을 수가 없는 것이다. 어찌 보면 우리나라의 분열과 분란은 이처럼 좁은 영토 안에서 적은 먹을거리를 두고 다

투느라 생긴 것인지도 모르겠다.

　나는 기회만 있으면 젊은 세대에게 이제는 세계무대로 진출해야 된다는 것을 강조하고는 한다. 우리나라를 목표로 삼으면 삼류 밖에는 되지 않는 것이다. 똑같은 제품이라도 한국 내에서만 유통을 하면 수익이 보잘 것 없을 테고 그러면 근로자에게 일을 더 많이 시켜야하니 노동 환경도 나빠질 수밖에는 없다. 반대로 세계 시장에서 통용이 되는 제품을 만들 수 있다면 수익이 훨씬 커질 테니 근로자들에게 구태여 가혹한 노동을 강요하지 않아도 될 것이고, 그러면 근로자들도 일하기 좋은 환경이 저절로 만들어지지 않겠는가.

　결국 우리나라의 양극화라거나 하는 사회 문제들은 좋은 제품을 만들어서 해외 시장을 사로잡지 못했기 때문에 발생하는 것이 아닌가 한다. 일본만 하더라도 우리보다 살기가 좋은 이유가 있다면 전자제품이나 자동차 같은 것들을 우리보다 훨씬 많이 세계 시장에서 팔기 때문이 아니겠는가.

　나는 우리 국민들에게도 해외 시장을 공략할만한 역량이 충분히 있다고 생각한다. 다만 우리나라의 전통적인 악습이 하나 있는데, 사촌이 땅을 사면 배가 아프다는 것이다. 다른 사람이 잘 되어야 궁극적으로는 나 자신도 잘 되게 되어 있다고 생각해야 하는데, 반대로 남이 잘되면 시샘을 하고 사사건건 발목을 붙잡으려 하니, 아무리 뛰어난 인재라고 하더라도 섣불리 나서기를 주저할 수밖에는 없는 것이다.

그런 측면에서 정부의 관련자들은 어딘가에 경쟁에서 도태된 인재들은 없는지 살펴야 하고, 공정한 경쟁이 가능하도록 물밑 거래와 부패를 척결해야 할 것이다. 특히 우리나라는 인맥이 너무 횡횡하여 좀 힘 있는 사람의 도움이 없으면 아무 일도 해결이 되지 않는 경향이 있으니, 이런 것을 기성세대가 나서서 척결해야 하지 않나 한다.

내가 과거에 정계 진출 제안을 거절한 큰 이유가 아직 우리나라는 깨끗한 정치를 하는 것이 불가능하다는 판단이 섰기 때문이었다. 깨끗한 정치가 안 되니 정부 조직도 인맥에 좌우되고 있고, 그리하여 제대로 된 인재라도 비리에 가담하지 않으면 아무 것도 할 수가 없으니, 결국 좋은 인재도 종당에는 타락할 수밖에 없는 것이다.

이런 것의 해결을 위해 나 역시 각계에 여러 차례 진정도 해 보았으니, 할 만큼 노력은 한 편인데, 아직도 그다지 변한 게 없다고 하니, 우리나라의 발전을 지체 시키는 건 내가 앞에서 밝힌 바대로 우리나라 국민들의 의식 수준이 아닌가 그렇게 생각하고 있다.

그래도 이러한 여러 가지 어려움을 극복하고 해외에서 인정받은 인재들이 있다고 하니, 대단하다는 생각을 하게 되었다. 그러나 이것은 시작에 불과한 것이라 하겠다. 시대가 정역의 시대로 접어들었으니, 그동안 사회로부터 잘못된 특혜를 받아오던 무리들이 서서히 침몰하고, 그 대신 초야에

숨어 지내던 인재들이 하나둘씩 나타나 실력 발휘를 하게 될 것이라고 생각한다.

기성세대가 젊은 인재들을 위하여 할 일이 있다면 모든 것을 공평무사하게 처리하는 일이 아닌가 한다. 인재라고 해서 특혜를 주기 시작하면 또 잘못된 풍토가 대대로 이어질 것이니 그리 하지 말고, 사람을 선발하는 과정이 한 점의 의혹도 없이 투명해지면 된다는 것이다. 공평무사하게 일처리가 되면 저마다 남 눈치 안 보고 자기 일에 충실할 것이니, 종당에는 우수한 인재도 쉽게 자기 뜻을 펼치는 시대가 되지 않겠는가.

최근에 외교부 장관이라는 사람이 자기 딸의 채용을 위하여 시험 과정을 조작해 결국 사퇴까지 했다고 하는데, 어디 부패가 그 한 사람의 문제겠는가. 어찌 보면 재수 없이 걸린 셈이랄 수 있을 것이다. 그러니 누구 한 사람을 엄벌하는 것으로는 해결이 불가능하고, 오히려 특혜의 방법이 점점 지능화되기만 할 터이니, 국민들 개개인의 각성이 가장 중요하지 않나 그리 생각하고 있는 것이다.

3장. 전통의 음미

원래부터 영토가 작은데다가 그 절반이 남북으로 나누어진 지금의 우리나라 시각에서 보면 중국 대륙을 다스리고 천하를 호령했던 치우천황의 이야기가 꿈만 같을 것이다. 하지만 우리의 몸속 어딘가에는 분명히 대륙을 누비던 영웅들의 기개가 숨어 있음이 분명하다. 자라나는 세대는 치우천황이 대륙을 지배했던 것처럼 세계 속으로 뻗어나가서 세계인들을 지배하고 대한민국의 위상을 드높여야 할 것이다.

1

● 고대사의 왜곡

일본의 역사라는 것이 한반도에서 이주해 간 왕족들로 인해 시작되었다는 것을 아는 사람은 다 알고 있어서 따로 설명이 필요 없을 정도이다. 그런데 중국의 문물이 사실은 고대 동이족, 즉 한국인에 의해서 만들어졌다는 것을 아는 사람은 좀 드문 편인 것 같다. 역사를 좀 아는 사람들은 중국의 역사라는 것이 사실은 외지인의 지배사에 다름 아님을 다 알고 있을 것이다. 그들이 오랑캐라고 비하했던 민족들이 수없이 침략하여, 새로운 왕조를 열어 중국사라는 것이 존재하게 된 것이다. 그런데 더 깊이 따지고 들어가면 중국이라는 나라가 처음 만들어진 것도 바로 고대 한국인에 의해서였다. 이러한 사실들은 환단고기에 중점적으로 소개되었으며, 다양한 고서에도 기록되어 있고, 심지어는 중국의 역사책에도 간간히 기록이 보인다.

그런데 어째서 우리는 그 사실들을 까맣게 잊고 있고, 교육조차 하지 않는 것인가. 가장 큰 원인은 일제의 가혹한 역사 왜곡 작업 때문이었다. 일제는 한국의 역사를 한반도로 극한 시키기 위하여 많은 사료들을 파괴하고 왜곡했다.

일제가 유일하게 내세운 것은 김부식이 쓴 삼국사기였다. 이 책은 수많은 고대 한국사 가운데 하나에 불과한 것이었다. 다른 역사서를 예로 들면, 신비집, 고조선비사, 대변설, 조대기, 주남일사기, 표훈삼성기, 안암로삼성기, 원동중 삼성기, 수찬기소, 등천록 등 수없이 많은 역사서들의 존재가 기록되어 있음에도, 일제는 유독 사대주의로 일관한 삼국사기만을 유일한 역사서로 인정하고, 교육을 시켰다.

그 결과 우리의 역사는 대륙을 누비던 기상을 잃고 한반도에 극한 당하고 만 것이다. 그런데 통탄할 일은 여기서 그치지 않고, 동북공정이라는 이름으로 중국이 한반도의 역사를 더욱 축소시키고 왜곡시키려 하고 있다는 사실이다.

그들로서는 어떻게 해서라도 중국의 다수 인종인 한족의 정체성을 회복해야만 하는 절박함에 그리 하고 있는 것일 것이다. 도대체 그들은 지금 무엇을 두려워하고 있는 것인가.

그들이 두려워하는 것은 중국 대륙의 주인이 바로 우리 민족이라는 엄연한 사실이다. 1만 년 전만 하더라도 우리는 중국 대륙을 지배하며 세계를 12연방으로 나누어 다스리고 있었다. 고대 한민족의 영웅인 치우천황은 무패의 장수이자, 배달국의 황제였는데, 한족의 우두머리인 헌원이 73번이나 도전했다가 모두 패했다는 기록이 그들의 사료에 남아 있을 정도이다.

나는 그렇다고 지금이라도 무력으로 대륙을 다시 빼앗아 오자는 주장을 하는 게 아니다. 자라나는 세대에게 자신감을 북돋게 하기 위해서는 세계를 지배했던 고대 한국인의 기상을 제대로 알려주어야 한다는 것이다. 수없이 외침을 당하고, 갈라지고 빼앗기고, 수탈당하는 한국사만 배워온 젊은 세대는 어쩔 수 없이 민족 패배주의에 젖을 수밖에는 없다.

자기 나라에 자부심을 갖지 못하니 예의를 지킬 필요를 느끼지 못하는 것이고, 기성세대의 권위도 인정하지 않는 것이며, 정당한 노력보다는 기회주의로 일관하는 것이다.

지금 서울 곳곳에 교회가 들어서 있어서 밤이면 십자가가 불야성을 이루고 있다. 마치 우리나라가 기독교의 종주국이라도 된 것 같다. 그런데 따지고 보면 기독교의 성경이라는 것은 이스라엘의 역사서에 다름 아니다. 우리나라 사람들은 단군 신화의 내용을 이야기 해 주면 황당하다고 비하하는데, 그렇다면 과연 구약 성서에 나오는 그 많은 기적들은 사실에 부합하는가. 어째서 우리는 우리의 역사는 소중히 생각하지 않으면서 남의 나라 고대사를 보물 다루듯이 하고 있단 말인가. 물론 종교는 자유지만, 해도 너무 해서 하는 말이다.

대륙을 지배했던 선조들이 오늘날의 이러한 세태를 보면 땅을 치고 통곡을 할 것이다. 물론 지구촌이 서양 문물의 지배를 받고 있으니 우리나라도 어쩔 수 없는 측면이 있다고는 하나, 문제는 그 정도가 지나칠뿐더러, 사실이 왜곡되고 있다는 것이다.

● 마고시대를 아는가.

오늘날 세계를 지배하고 있는 서양 문물은 양자택일의 문명이라고 할 수 있을 것 같다. 그들은 흑백이 분명하게 나뉘는 것을 좋아하여, 기독교의 성서를 살펴보면 대체로 복이 아니면 저주를 받는다는 식이고, 사후에도 천국과 지옥이라는 극단의 세계가 존재한다고 주장하고 있다.

반면에 동양문물에서는 모든 것이 하나로부터 시작되어 하나로 귀결된다고 보고 있다. 이러한 동양정신의 시작은 마고 시대로부터 시작되었다. 마고는 우리나라의 시조이기도 하고, 인류의 기원이기도 하다.

이 말을 처음 듣는 사람은 깜짝 놀랄 것이다. 지금까지 배운 지식으로 우리나라의 시조는 단군왕검이라고 알고 있을 것이기 때문이다. 모두가 왜곡된 역사 교육 때문에 생긴 일이다. 지금이라도 바로잡아야 한다.

단검이 등장하기 훨씬 이전부터 한민족이 존재해 왔는데,

이들을 동이족이라고 불렀으며, 동이족의 시초가 바로 마고이다.

장자가 쓴 소요유에는 마고에 대한 언급이 보인다.

> "묘고산(막고야산)에 신인이 살고 있는데, 살결은 눈처럼 희고 부드럽기 가 처녀 같으며, 오곡을 먹지 않고 이슬을 마시며, 구름을 타고 용을 몰아 사해의 바깥을 노닐고 있다."

물론 장자가 직접 목격한 것을 기록한 것은 아닌 듯 하고, 아마도 구전되어 오는 것을 채집하여 기록하였을 것으로 추정된다. 그런데 장자가 묘사한 내용을 잘 살펴보면 마치 무신을 뜻하는 것처럼 보인다. 그래서 일부에서는 마고가 무신이나 혹은 무조일 가능성도 있다고 보고 있다. 또한 현대에도 내림신을 받는 여자들이 장자가 언급한 내용과 흡사한 환상을 보는 경우가 많다고 한다.

묘고산은 봉래 앞 바다의 묘도군도에 있는 산인데, 산동반도의 돌출부분과 발해만 사이에 있다. 묘고는 마고와 발음이 비슷하고, 실제로 묘고산을 마고산으로도 부른다고 한다.

앞에서 밝힌 대로 세상은 마고로부터 시작되었다. 마고에게는 두 딸이 있었는데, '궁희'와 '소희'라고 불렀다. 궁희는 천금과 환궁이라는 두 딸을, 소희는 백소와 흑소라는 두 딸을 두었는데, 이들로부터 자손이 번성해 3천 명에 이르렀고, 그 후 이들이 지구 곳곳에 퍼져나가서 인류 문명이 시작되었던 것이다.

이렇게 이야기하면 독자들 가운데는 허무맹랑한 이야기라고 생각하는 사람도 있을 수 있을 것이다. 물론 고대 역사라는 것이 대부분 현실과 환상이 뒤섞여 있어서 실체를 알기는 매우 어려운 것이 사실이다. 그것은 서양도 마찬가지이다. 그렇다고 마고시대가 누군가의 완전한 창작물이라고 생각하면 오산이다. 많은 뜻있는 학자들에 의해 마고 시대가 실제로 존재했다는 증거들이 속속 나타나고 있다.

지금으로부터 1만 4천 년 전에서 1만 2천 년 전의 유물 가운데는 마을 입구에 세워진 오리 모양의 솟대가 있는 데, 이것이 바로 마고 삼신을 의미하는 것이다. 이 시대에는 마고가 세운 나라를 마고지나라고 불렀다.

또한 고려사의 충혜왕조 편을 보면 고려 시대의 백성들은 나라 이름을 고려 대신 마고지나라고 불렀다고 기록되어 있다. 이 말은 고려가 생기기 훨씬 이전부터 백성들 사이에서는 마고지나라는 국명이 널리 사용되었음을 의미한다 하겠다.

고려의 충혜왕은 사신들의 배신으로 원나라에 끌려가서

독살 당했는데, 이때의 울분이 담긴 노래 ´아야요´에도 마고지나라는 국명이 보인다.

아야 마고의 옛 나라 이제 떠나가면 언제 돌아오려나

　고려의 백성들은 자신들의 왕이 억울하게 죽게 되어 ´아야요´라는 한에 사무친 노래를 부르면서 전통적인 국명인 마고지나를 애타게 외쳤던 것이다. 그런데 지금 우리는 마고가 누구인지도 모르고, 마고에 대해서 이야기하면 허무맹랑한 것으로 치부하고 있으니 이 얼마나 한심한 일인지 모르겠다.
　마고로부터 시작된 인류는 지구촌 각지로 흩어졌는데, 유구한 세월이 흐르면서 각자의 지형과 풍토에 맞게 진화되어 오색인종이 나타나게 된 것이다.
　인류의 4대문명은 모두 우리 민족의 선조에 의해 시작되었으며, 그 당시 우리들의 선조는 동서 2만 리 남북 5만 리의 광대한 영토를 점령하고 12연방으로 나누어 다스렸다고 한다. 이때의 지도자는 태호복희라는 인물인데, 태호복희에 대해서는 다음 장에서 설명할 생각이다.

● 태호복희와 음양철학

　가만히 눈을 감고 있자면 높은 언덕에 좌정하고 광활한 대지를 바라보며 상념하고 있는 한 인물의 모습이 떠오른다. 그가 바로 전설로 전해 내려오는 태호복희다.

　태호복희를 중국에서는 삼황오제라고 주장하고 있으나, 사실 그는 한족이 아니라 배달민족으로서 오히려 한족을 정벌하고 지배한 인물이었다. 처음에는 묘도와 청구 쪽에서 살다가 한족이 사는 곳으로 이동해 왔는데, 수인과 유소를 비롯한 일단의 한족들이 반란을 일으켰다고 한다.

　그러자 태호복희가 불같이 노해 난을 진압하니, 그들은 무릎을 꿇고 백배사죄하며 함께 살기를 간청했다. 태호복희는 그들을 용서하고 군대를 조직했으며, 진을 도읍으로 정하고 자신은 총독에 부임해서 한족을 지배하고 관리했다는 것이다.

　태호복희는 인류를 위해 팔괘를 만들고, 어획과 수렵의

방법을 전수해 주며 인류 발전에 많은 공을 세웠으며, 여와라는 여인과 결혼했다고 한다. 여와는 이후 여호와라는 명칭으로 구약성서에 등장하는 인물과 동일인물이다.

중국에서는 태호복희가 자신들과 같은 민족이라고 주장하나 여러 사료와 정황으로 볼 때 우리 한민족임이 분명하다고 할 수 있을 것 같다. 한민족의 역사서인 환단고기에는 태호복희에 대해 다음과 같은 설명이 있다.

> "태호복희는 동방 구이(九夷)족 중, 풍이(風夷)족 출신으로 제5대 태우의 환웅천황의 12번째 막내아들로 태어났다. '크게 밝다'는 뜻의 이름을 가진 복희씨는 지금의 행정관에 해당하는 우사(雨師)의 직책을 맡았으며, 우주 생성변화원리의 이치를 담은 팔괘를 처음 그렸다."

태호복희가 한민족이라는 것은 중국의 사료에도 언급이 되어 있다.

> "태호복희왕은 진국의 출신이다.(帝出於震)"
> 〔『태평어람』*卷78 「제왕세기」태호복희씨조〕

"태호복희가 동이족이라는 것은 고대로부터 공인
되어 온 일이다."

〔『夷夏東西說』, 중국학자 부사년(傅斯年)〕

　첫 구절에 언급된 진국이라는 것은 동방족을 뜻하는 것이
며, 동방족이라는 동쪽 지역에 살던 동이족, 즉 한민족임을
뜻하는 것이다. 현재의 중국에서는 태호복희가 우리 한민족
임을 증명하는 증거들을 감추기에 급급하고 있다. 중국이야
자국 이기주의에 의해서 그럴 수밖에 없다고 하나, 우리나
라 역사학자들이 중국의 사관을 추종하는 것은 통탄할 일이
아닐 수 없다.

　태호복희가 창제한 팔괘의 원리는 음양의 이치를 기반으
로 한 동양철학으로 크게 발전했는데, 동양철학의 우수성은
근현대의 서양 과학자들도 탄복하게 했다.

　우선 상대성 원리를 발견한 아인슈타인은 자신이 발견한
원리의 명칭을 정하지 못해서 고민하다가 음양 이론에서 힌
트를 얻어 '상대성'이라는 이름을 붙였다는 건 널리 알려진
사실이다. 그는 또한 친구에게 보낸 편지에서 동양철학에
대해 이렇게 평가를 했다.

"유럽의 과학은 그리스의 형식 논리와 실험을 통한 인과관계의 증명으로 크게 발전했는데, 놀랍게도 동양에서는 이미 오래전에 그러한 것들이 모두 발견되어있었다."

그 외에도 양자역학의 아버지라고 불리는 닐스보어는 음양의 이치를 담은 태극문양에서 힌트를 얻어 양성자와 전자로 이루어진 원자 모델을 발견했으며, 세계 최초로 사칙연산의 계산기를 발명한 라이프니츠는 우연히 입수한 태극도의 64괘에서 이진법의 원리를 발견하고 계산기 작동 원리를 착안했다고 한다. 태호복희에 의해 창제된 동양철학이 오늘날의 과학과 문화에 다양한 영향을 미치고 있는 것이다.

앞에서 태호복희의 반려자인 여와와 구약성경의 여호와가 동일인물이라고 밝혔지만, 그 외에도 구약성경에 대홍수로 노아가 방주를 만들어 인류를 구했다는 내용이 나오는데, 수메르 신화에도 대홍수의 이야기가 나오고, 중국에도 대홍수 이야기가 전해 내려오고 있다. 이 모두가 고대 문명의 기록이 모두 동일한 궤를 갖추고 있음을 뜻하는 것이며, 우리 한민족이 세계를 지배했음을 뒷받침해 주는 증거가 될 수 있을 것이다.

4

● 치우천황 이야기

지난 2002년 한 일 월드컵 때 젊은이들이 모여 붉은 옷
을 입고 힘차게 응원하는 모습을 보고 개인적으로 큰 감동
을 받았다. 마침 그때 우리나라는 월드컵 4강에 진출하는
쾌거를 이루기도해서 대한민국의 저력이 힘차게 뻗어나가고
있음을 실감할 수 있었다.

그런데 그들이 응원하면서 대한민국의 상징으로 치우천황
의 마스코트를 내건 모습에 주목을 했다. 누군가에 의해서
인지는 모르겠지만, 오랫동안 잊고 있었던 한민족의 고대사
를 복원하겠다는 의지가 엿보였다.

하지만 항상 우리나라를 견제하는 중국이 그대로 있을 리
가 없었다. 그들은 그 무렵부터 중국 공정이라는 이름으로
중국 대륙 전체를 자신들의 역사에 편입하려는 술수를 부리
기 시작했다. 그들은 심지어 고구려마저도 자신들의 역사라
는 주장을 폈다. 나라도 앞장서서 그들의 역사 왜곡을 막고

싶은 심정이나, 그러기에는 너무 늦은 나이기에 젊은이들의
분발을 바라고 있다.

치우천황은 배달국의 14대 환웅(황제)이었다. 배달국은
고조선 이전에 존재했던 한민족의 국가 명칭이다. 치우천황
은 기원전 2749년 배달국의 도읍지였던 신시에서 태어났는
데, 그의 가문은 원래 명문가여서 시조인 치우라는 인물이
배달국의 초대 환웅인 거 발한 환웅 시대에 큰 공을 세운
건국 공신이었다고 한다.

치우천황은 배달국의 14대 환웅으로 등극 했는데, 이 무
렵 배달국은 국력이 많이 쇠퇴한 시기였다. 주변의 제후국
들이 배달국의 영토를 침범하였는데, 그중 신농국의 제후
유망이 가장 강성했다. 나라가 풍전등화의 위기에 처하자
치우천황은 직접 군사들을 이끌고 유망과 일대 결전을 벌여
서 압승했다.

그러자 한민족의 지배에 반감을 품은 중화족의 우두머리
헌원이 대륙 지배를 꿈꾸며 치우천황에게 반기를 들었다.
바야흐로 한민족과 중화족의 대결전이 눈앞에 다가와 있었
다. 그 당시 한민족의 배달국이 문명도 앞서고 무기도 월
등히 앞섰으나 토착민인 중화족이 수적으로 우세했기 때문
에 승패를 단정 지을 수 없는 상황이었다.

이 전투를 역사가들은 '탁록 대전투'라고 명명하였다. 처
음에는 헌원이 수적 우세를 앞세워서 이기는가 싶었으나,

철제 무기로 무장한 치우천황이 대반격을 펼치면서 헌원의 군사를 압도하기에 이르렀다.

그 당시 치우천황의 명성이 어느 정도였느냐 하면, 헌원의 병사들 사이에서는 치우천황이 '스스로 안개를 뿜고, 도술을 부린다.'라는 소문이 자자하게 퍼졌을 정도라고 한다. 사람이 안개를 뿜는다거나 도술을 부린다는 건 황당한 이야기겠지만, 그 정도로 중화족은 한민족의 영웅인 치우천황을 두려워했던 것이다.

10년간 73회의 크고 작은 전투를 벌였다고 하니 헌원의 집념도 대단한 것이었다. 그만큼 한민족의 지배에 대한 위기감이 심했기 때문일 것이다. 하지만 이 전투에서 치우천황은 최종의 승자가 되었다. 이때 배달국 병사들이 활을 많이 사용했다고 하는데, 그 때문에 중국인들은 한민족을 큰 활을 사용하는 민족이라는 뜻의 동이족이라고 부르기 시작했다고 한다.

중화족의 반란을 완전히 제압한 치우천황은 헌원을 사로잡아 신하로 삼고, 그로 하여금 중화족을 통치하도록 했다고 기록되어 있다. 그 후 헌원은 내치에 전념하여 후대에 중국의 문명을 연 시황제로 널리 알려지게 되었다.

한편 치우천황은 한민족의 배달국을 위기로부터 구해낸 영웅이 되어 한민족은 물론이고, 중화족에게까지 추앙 받는 위대한 군신으로 남게 되었다. 한고조의 유방도 해마다 치우천황의 능을 방문해서 예를 표했다는 기록이 있는 걸 보면 치우천황이 얼마나 위대한 인물이었는지를 추측할 수 있다.

그럼에도 불구하고 이민족의 황제가 중국 문명의 시황제인 헌원을 이겼다는 것을 수치스럽게 생각했던 중화족은 이후 역사를 왜곡하게 된다. 사마천은 그의 대표적인 저작인 '사기'에서 치우천황이 헌원에게 죽임을 당했다고 기록해 놓았는데, 다른 사료들과 정면으로 배치되는 것으로 미루어 왜곡된 기록이라고 보아야 할 것이다.

물론 고대 역사의 기록을 인용한 것이니, 어느 정도는 과장되고, 또 상징적인 표현도 있다고는 하나, 그래도 치우천황이 실재했다는 것은 움직일 수 없는 사실이다.

원래부터 영토가 작은데다가 그 절반이 남북으로 나누어진 지금의 우리나라 시각에서 보면 중국 대륙을 다스리고 천하를 호령했던 치우천황의 이야기가 꿈만 같을 것이다. 하지만 우리의 몸속 어딘가에는 분명히 대륙을 누비던 영웅들의 기개가 숨어 있음이 분명하다. 자라나는 세대는 치우천황이 대륙을 지배했던 것처럼 세계 속으로 뻗어나가서 세계인들을 지배하고 대한민국의 위상을 드높여야 할 것이다.

● 중국을 여행하며 느낀 점…

　중국을 여행하다가 진시황의 무덤이라는 곳을 방문하게 되었는데, 막상 그곳에 가서 안내원의 설명을 자세히 들어 보니, 그곳이 진시황이 묻혔다는 명확한 증거가 있는 게 아니라 그냥 막연하게 추정을 할 뿐이라는 것이었다.

　나는 다소 의아했다. 진시황이라면 중국 대륙을 통일한 최초의 황제인데, 어째서 아직까지 무덤을 찾지 못하고 있는 것일까. 그 후 잘 아는 역사학자에게 그 점을 물어보니 중국의 황제들은 자신이 묻힌 곳을 후대에서 알게 되면 도굴을 한다거나, 아니면 원한 맺힌 세력이 부관참시라도 할까봐 매장지를 비밀로 하는 전통이 있었다고 한다. 진시황의 경우도 일단 무덤을 만든 후, 노역에 동원된 백성들을 모두 살해 했을 가능성이 높다는 이야기를 들었다.

　진시황의 경우라면 무덤의 규모가 어마어마해서 동원된 백성들의 수가 적어도 몇 만은 될 것인데, 그들 모두를 살해했다니, 아연실색하지 않을 수가 없었다.

중국을 여행하다가 또 다른 관광지를 가 보았는데, 그곳은 바닷물을 막아서 호수를 만들었고, 그 인근에 대단히 크고 수려한 집을 지어 놓았다. 집을 지은이는 나라에 큰 공을 세운 인물이었다고 한다. 그 대가로 정부에서 그가 평생 호의호식할 수 있을 만큼 큰돈을 주어 궁궐처럼 커다란 집을 짓게 된 것이다.

거기까지는 좋은 데, 막상 방문해서 안내원을 설명을 들어보니 이해할 수 없는 일이 하나 있었다. 그곳의 통로는 남자들이 출입할 수 있는 통로와 여자들이 출입할 수 있는 통로로 나뉘어져 있었다. 남녀의 통로를 나뉘어서 서로의 편의를 도모하는 것이라고 좋게 생각할 수도 있겠으나, 사실은 여자를 천대시해서 여자는 남자와 동등하게 출입할 수 없도록 하기위해 그리 만든 것이었다.

우리나라에서는 조선시대를 다소 부정적으로 평하여, 지나친 유교 숭상으로 백성들과 여성들이 많은 수난을 받았다고 가르쳐왔는데, 중국처럼 무덤의 위치를 비밀로 하기위해 수만 명의 인부들을 학살한다거나, 궁에서 남녀의 출입 통로를 따로 만들 정도로 여성을 천대하지는 않았다.

물론 조선시대의 단점은 비판을 받아야겠으나, 우리 것은 무조건 잘못되었고, 남의 것은 무조건 우리보다 낫다는 편견은 하루 빨리 없어져야 한다. 우리나라 왕들의 경우, 몇 명 소수를 제외하면 대부분 어진 정치를 하기위해 노력했고, 백성들의 입장을 배려하기 위해 많은 노력을 기울인 것이 사실이었다. 조선시대의 치안 상황이 세계에서 유래가 없을 정도로 완벽했다는 것은 객관적인 역사적 사실로 인정받는 점이다.

어떤 면에서 조선시대의 왕들은 도의를 실천하기위해 뼈를 깎는 자기 절제를 했다고 볼 수 있을 것이다. 그에 반해서 중국의 황제들은 권력을 사유화 해서 자신들의 사리사욕을 채우는 경우가 많았으며, 그 과정에서 참혹한 인명 살상을 마다하지 않았다.

그런데 어째서 중국의 황제들은 폭군이 그다지도 많고, 어째서 권력 투쟁이 그토록 치열했던 것인가. 그 이유는 중국이라는 나라의 문명이라는 것이 사실은 우리 한민족에 의해 탄생했기 때문이다. 우리 한민족이 배달국을 건설하고 중화족을 통치하면서 혼례라거나, 농경법 같은 생활 지식들을 하나하나 전수해주어 중국 문명이 태동하게 되었는데, 정작 중요한 인간으로 서의 도의라는 게 제대로 전해지지 않아 중국의 황제들은 권력을 이용해서 사리사욕을 채우게 된 것이다.

그것은 아직 공인 받은 역사가 아니니 차지하고라도, 우리가 우리의 역사에 대해 지나치게 부정적인 자세를 견지하고 있지 않나 하는 우려가 생긴다. 특히 조선 시대를 이야

기하면 무조건 발전이 지체된 잘못된 시대였다고 보는 견해
는 문제가 있다고 생각한다.

　조선시대의 선비 정신 같은 건 바다 건너 일본인들도 숭
상을 할 만큼 소중한 것이었다. 그런데 근대 이후 우리나라
에서는 선비 사상이라는 것이 무능력하고 비현실적인 세계
관으로 치부되고, 대신 일본의 사무라이 정신 같은 것이 더
나은 것처럼 회자 되는 걸 보면 안타까움마저 든다.

　중국을 여행하다 보면, 사람을 압도하는 거대한 크기의
궁궐들에 감탄하기는 하지만, 나는 우리나라의 소박한 궁궐
들에 더 깊은 애착을 느끼게 된다. 음식도 마찬가지고, 기
타 생활상도 마찬가지다. 빈한하고, 왜소하지만, 나는 우리
나라 사람이 아니면 느낄 수 없는 값지고 소중한 것이 분명
히 우리들에게 있다고 생각한다.

6

● 전통의 음미

한민족의 기원인 마고 시대를 전하는 기록을 보면 마고인
들은 오곡을 먹지 않고, 이슬을 마시며, 구름을 타고 용을
몰아 사해 바깥을 노닐고 있다, 라는 표현이 있다. 물론 기
록을 곧이곧대로 해석해서 그들이 정말로 밥 대신 이슬을
먹고 살았다거나, 구름을 타고 다녔다고 믿는 사람은 없을
것이다. 신화는 해석이 중요하다.

이 기록에서 알 수 있는 것은 마고인들이 자연을 벗 삼아
풍류를 즐길 줄 아는 민족이었다는 것이다. 이것은 조선시
대의 선비 정신과도 통하는 면이 있다. 한민족은 전통적으
로 일을 할 때는 열심히 하지만, 쉴 때는 한데 어울려서 흥
겹게 놀 줄 아는 멋진 민족이었다.

특히 조선의 선비들은 세계에서 유래가 없을 정도로 낭만
적인 삶을 살 줄 알았다. 시를 좋아하여 수려한 경관의 자
연 속에서 자신의 재능을 마음껏 뽐내는 것을 즐겨하였다.

어떤 학자들은 선비들을 현실과 동떨어진 무능력한 사람들로 묘사하는 경우도 있는데, 이것은 대단히 잘못된 해석이다. 풍류를 즐길 줄 알았다고 해서 그저 하는 일 없이 마냥 놀기만 했다는 것으로 보면 안 된다. 인생을 관조하고 모든 것을 너그럽게 받아들이는 것이 바로 선비 정신의 진수랄 수 있다.

백성들은 고생을 하는데, 선비들이 풍류를 즐긴다는 게 말이 되느냐, 라고 따지는 사람도 더러 있을 것이다. 맞는 말이기는 하지만, 그렇다고 선비들이 모두 호의호식하며 살았던 것은 아니다.

대개의 선비들은 재산이 없는 경우가 많았으며, 많은 선비들이 주경야독으로 일도 게을리 하지 않았다고 한다. 재산이 많아서 그저 놀고먹는 사람들이라고 보지 말라는 것이다. 농민들이 명절이면 모여서 떠들썩하게 노는 것과 선비들이 자연 속에서 시를 읊는 것은 똑같이 인생을 즐기는 것이다. 다만 그 방식이 다를 뿐이라고 해석해야 한다.

또한 많은 선비들이 농민들과 깊은 유대 관계를 맺고 있어서 백성들의 실생활에 도움이 되도록 말과 글을 가르쳐주기도 했다고 한다. 조선시대에 양반 천민 나누는 것이 모순이라고 주장하는 사람도 있으나, 그것은 그것대로의 미덕이 있는 것인데, 굳이 지금의 기준으로 그 시대를 비판하는 건 잘못되었다고 생각한다.

지금도 영국과 일본을 비롯한 몇몇 나라에는 국왕 제도가 유지되고 있는데, 민주주의의 측면에서는 국왕 제도도 당연히 철폐되어야 할 구시대의 유물일 것이다. 하지만 그네들은 국왕 제도를 민족적 긍지로 승화시켜서 현대에 맞게 유지하고 있는 것이다. 참으로 지혜로운 방법이라는 생각이 든다.

시대가 변했는데, 너무 옛것을 고집하는 건 무리가 있지만, 과거는 무조건 잘못된 것이니 모두 다 없애야 한다는 태도도 좋은 건 아니라고 생각한다. 산업화와 민주화시기를 거치면서 사회 분위기가 많이 급변했는데, 그 과정에서 정말로 중요한 것들도 도매금으로 없어진 감이 있다.

어른을 어렵게 생각하고, 어른들로부터 조언을 구했던 전통이 사라진 후, 사회 어느 곳에서나 혼란과 분열이 횡횡하고 있다. 정치인들은 나라의 어른 역할을 제대로 못하고, 오히려 젊은이들의 방종을 부추기고 조장하고 있지 않나 하는 우려가 생긴다.

너그럽게 이해하는 것도 좋지만, 때로 따끔하게 야단도 칠 줄 아는 어른이 있어야 한다. 그래야 사회에 기강이 생기는 것이다. 그저 좋은 게 좋은 것이라는 식으로 사회가 흘러가버리면, 종당에는 금수만이 득실대는 난장판이 되고 말 것이다.

광활한 중국 대륙을 지배하던 시기의 한민족은 대인들이

모여 사는 나라였다. 공자조차도 한민족에게 예를 구했다는 기록이 중국의 사료에 남아 있을 정도다. 조선시대에도 사대부의 선비들은 지조가 있었고, 아녀자들 역시 지조와 절개를 생명으로 여겼다. 그런데 안타깝게도 그러한 좋은 전통들은 다 사라져버리고 돈이면 된다는 사고방식이 만연해 있다.

자본주의건, 사회주의건 결국은 사람이 살기 좋은 세상이라야 하는 건데, 과연 지금의 시대가 사람이 사람대우를 제대로 받고 사는 시대인지 의문이 들지 않을 수 없다.

7

● 우리의 역사를 바로 알자

요즘 교육이 어떠한지는 모르겠으나, 젊은 세대와 이야기를 나누어보면 우리 역사에 대해 잘못된 견해를 지니고 있거나, 아니면 전혀 모르고 있는 듯 하다. 조선시대에 관해서도 벼슬아치들이 당파 싸움이나 일삼고, 왕들은 무책임하고 우유부단했을 것이라고 생각하는데, 그 이유를 생각해보니 우선은 교육이 실제성이 없고, 또 하나는 텔레비전 사극이 천편일률적이어서가 아닌가 한다.

우리의 문화는 마고 시대부터 물질보다는 정신을 중요하게 생각했으며, 사람을 중시하는 인내천 사상을 바탕으로 하고 있다. 유럽이나 일본에서 피비린내 나는 권력 투쟁이 일어나고 있었던 중세에 우리나라는 비교적 평화롭고 질서가 잡혀 있는 가운데, 백성들에 대한 계몽을 많이 펼쳤다. 왕들도 사리사욕을 채우기 위해 권력을 휘두르는 것을 무척 자제했으며, 백성들의 안위를 정치의 최우선 과제로 삼았다.

똑같은 현상이라도 나쁘게 보면 한없이 나쁜 것인데, 우리나라는 늘 무력하고 수탈만 당했다고 생각하면 민족적 자긍심이 없어지게 된다. 사실 고대의 우리나라는 세계 문명을 아우를 정도로 광대했으며, 지금 중국이 주장하는 중국의 고대사라는 것이 사실은 우리의 역사를 억지로 왜곡한 것에 다름 아니다. 실제로 중국의 주류 민족인 중화족은 역사상 단 한 번도 중국 대륙의 지배층이 된 적이 없다.

중국의 역사라는 것은 외래 민족의 빈번한 수탈사에 다름 아니다. 굳이 중국 역사의 기원을 찾아보자면 그것은 한민족이다. 원래가 고대의 중화족은 원시인에 가깝게 미개한 생활을 하던 민족이었는데, 바이칼호수 인근에 터를 잡고 살던 한민족의 선조들이 그들에게 문명을 전수해 주어 비로소 문명의 시초를 열게 된 것이다.

그런 것을 이 지면에서 일일이 따지면 길어지고, 또 앞에서 몇 번 언급한 내용이라 이 정도로 줄이기로 하고, 다만 비교적 역사적 기록이 분명한 조선시대만 예를 들어보더라도, 그 당시 기준으로는 선진국에 꼽힐 정도로 여러 면에서 안정적이었다는 건 분명하다. 특히 치안이 잘되어 있어서 소소한 사건은 있었을지 몰라도, 조선시대 600년 동안 단 한 번도 나라가 무법천지가 된 적이 없었다. 지금의 기준으로 보자면 별것 아니라고 생각할지도 모르겠으나, 유럽만 하더라도 바이킹의 약탈로 인해 몇 세기 동안 유럽 대륙 전체가 치안 부재의 수난을 당했고, 일본도 메이지 유신 이전까지 치열한 권력 다툼으로 나라 전체가 한시도 조용할 날이 없었던 것과 비교해보면, 얼마나 대단한 위업이었는지 이해할 수 있을 것이다.

근대에 들어 발생한 동학난에 대해 잘못된 역사관이 퍼져서 마치 동학난이 탐관오리들의 학정에 못 이긴 민중의 염원에 의해 발생한 것이라도 되는 듯이 평가하고 있고, 또 이를 진압하는 지배층에게는 기득권을 지키려는 것 외에는 아무런 명분도 없었던 것처럼 회자되고 있는데, 이것은 무책임하고 편견에 가득 찬 사관이라고 밖에는 할 수 없을 것이다. 전봉준을 비롯한 당시 난의 수장이었던 인물들에 대한 판결 기록이 아직도 남아있는데, 여기에는 지금의 사법부에 버금갈 정도로 엄밀하고 객관적인 심문 내용이 담겨 있다. 이 기록에 의하면 난이 발생한 것은 잘못된 유언비어의 걷잡을 수 없는 확산에 의한 것이었으며, 난의 초기에는 정부에서 상당한 인내로 대응했다는 것을 알 수가 있다.

그 당시 우리나라는 일본을 비롯한 외세의 진출로 상당한 위기를 맞고 있었는데, 이런 상황에서 나라의 안위는 아랑곳하지 않고 국력을 결정적으로 약화시킨 동학난을 구국 혁명으로 승화 시키는 역사관이 과연 제대로 된 것인지 의아하지 않을 수 없다. 만일 우리나라가 외국과 전쟁이 벌어졌는데, 국내에서 소위 민중혁명이라는 것이 발생하여 무법천지가 된다면, 지배층이 손 놓고 내버려두어야 옳은 것일까. 몇 년 전에 지방의 어느 곳에서 핵폐기물 건립을 반대한다는 명분으로 치안이 마비되고 군수까지 폭행당하는 사고가 발생했는데, 그 사건보다 100년가량이나 전에 발생한 동학난 때의 백성들은 과연 훨씬 더 질서정연하고 애국심이 넘쳤을까. 모두가 현실성 없는 좌파 지식인들의 궤변에 다름 아니다.

우리의 역사를 바로 알고, 긍정적으로 알리는 것이 중요하다는 것을 상기시키기 위해 선현 한 분을 예로 들자면 다산 정약용이다. 정약용은 우리나라 선비 정신의 진수를 보여주었다. 그는 이론에만 치우친 것이 아니라, 백성들의 피부에 와 닿는 토지 개혁을 주창했고, 본인이 직접 기중기를 제작해서 수원성을 쌓는데 큰 도움을 주기도 했다.

널리 알려진 인물이어서 정약용을 예로 들었지만, 잘못된 사관에 의해서 조선시대는 답답한 유교에 의해 비합리적인 방법으로 백성들을 통치했다는 인식이 젊은 세대에게 퍼져 있는 것은 참으로 안타까운 일이다. 일본의 경우 칼의 문화라고해서, 지시에 복종하지 않으면 지배층인 사무라이들이 바로 칼을 휘둘러서 참수를 했는데, 그것을 좋게 평가하고, 인명을 중시해서 계도하고 교화하려고 뼈를 깎는 노력을 했던 조선시대 선비들을 무능력하게 평가하는 것은 가슴 아픈 일이다.

8

● 다산 정약용의 정신이 필요하다

"털 끝 하나 병들지 않은 분야가 없다.", "지금 당장 개혁을 하지 않으면 나라가 망한다." 이 말을 한 것은 조선후기의 실학자인 다산 정약용이었다. 그런데 지금도 크게 변한게 없으니 정약용의 안목을 높이 평해야 할지, 사람들의 의식 수준이 답보 상태인 것을 탓해야 할지 모르겠다.

정약용은 조선 후기인 1762년에 태어나 28세에 과거 시험에 합격한 후 정조의 총애를 받아 요직을 두루 거쳤으나, 40세에 천주교에 관심을 가졌던 것이 문제가 되어 18년간 유배생활을 하게 된다. 이때 그는 5백 권이 넘는 방대한 서적을 완성하였고, 그 가운데 '경세유표', '목민심서', '흠흠신서'는 불후의 명작으로 평가 받기에 이르렀다.

내가 다른 선비들을 제치고 정약용을 거론하는 이유는 그가 백성들의 피부에 와 닿는 정책을 많이 건의했으며, 본인이 스스로 거중기를 개발하여 수원성을 축조 하는 데 큰 공헌을 한 까닭이었다. 특히 정약용은 기술 개발의 중요성을 매우 강조했는데, 기술이 개발되어야만 삶의 질이 나아질 것임을 간파한 선구자적인 안목이 있었던 것이다.

오늘날의 한국도 지식인들이 많은 저작을 하고 건의를 하지만, 그중에 백성들의 피부에 와 닿는 실질적인 내용은 빈약하니, 역사가 한참 흘렀음에도 변한 게 그다지 없다는 생각을 하게 된다. 그런데 지금부터 150년이나 전이었던 조선 시대에 기술개발만이 나라의 살 길임을 알고 있었던 정약용이니, 그야말로 진실로 백성을 사랑하고 나라의 장래를 염려했던 선비가 아닌가 한다.

정약용이 주장했던 것을 열거해보면 나라의 국방을 위한 '병기개발', 환자를 위한 '의술개발', 농업 생산성 확대를 위한 '농기구 개발' 등이었는데, 만일 그의 주장대로 나라에서 이러한 것들에 좀 더 치중했더라면 여러 면에서 부강한 나라가 되었으리니, 20세기 들어 외침을 받고 일본의 지배를 받는 수치스러운 일은 결코 당하지 않았으리라고 생각한다.

안타깝게도 조야에 묻혀 지내던 정약용의 말에 귀를 기울이는 권력자가 하나도 없었으니, 그의 선견지명이 저작으로만 남게 됨이 통탄할 일이 아닌가 한다. 그때와 지금은 시대가 많이 다르지만, 나는 정약용이 느끼는 답답함을 아직도 느끼고 있다. 그것이 철학이건, 역사이건, 사상이건 백성들의 피부에 와 닿는 실질적인 것이 되어야 한다는 것이 나의 생각이다.

배운 게 많고 아는 게 많으면 무슨 소용이란 말인가. 배우고, 아는 것이 실생활에 잘 적용이 되어야만 백성들의 살림살이가 나아지는 것이다. 말로는 하룻밤에 만리장성이라도 쌓을 수가 있다. 말의 잔치는 이제 끝낼 때이다. 사소한 것이라도 이론과 실천이 양립하는 것이 바람직하지, 이론만 난무하면 백성들의 삶은 더욱 힘들어지는 것이다.

정약용은 저서를 통해 정치 개혁도 강력하게 주창을 했다. 대표 저작인 '목민심서'에서 정약용은 '현행법의 테두리 안에서라도 우리 백성들을 살려보자.'라고 하여, 정치 개혁이 당대에도 충분히 가능하도록 현실적인 제안을 하였으며, 또 다른 저서인 '흠흠신서'에서는 법의 잘못된 집행을 막는 일이 중요하다고 생각하여 엄정한 법집행의 중요성을 강조하였으니, 조선후기 사회의 문제가 어디에 있는지를 정확히 알고 있었다하겠다.

어쩌면 정약용이 남다른 혜안을 갖게 된 이유가 20년 가까운 세월을 유배 생활로 보냈기 때문인지도 모르겠다. 사사로운 이익에 얽매이지 않고 백성들의 삶을 살펴보며 저술을 하였으니, 다른 선비들보다 뛰어난 안목을 지니게 되었던 것이 아니겠는가.

세상이 혼탁하여 저 마다 자기 생각이 옳다고 주장하나,

100년도 더 된 과거의 선비 가운데 한 분이었던 정약용의 주장만큼 백성들의 피부에 와 닿는 내용은 찾아보기 어려우니, 이 나라의 지도층이 과연 과거보다 발전을 한 것인지 의심스럽지 않을 수 없다. 더 높은 자리에 오르려하고, 더 많은 돈을 벌려고 아전투구를 벌이는 세상에서 조용히 나라의 장래를 진심으로 염려하여 저작으로나마 뜻을 밝혔던 정약용의 정신이 그리워지는 시대이다.

9

● 민본주의를 바로 알자

　중국 왕조사는 피비린내 나는 권력 투쟁사라고 하여도 과
언이 아니다. 우선 외침으로 왕조가 붕괴된 적이 많았고,
왕위 다툼이 치열하여 음모와 모략이 판을 치는 경우가 많
아서 지배층이 백성들을 위한 정책을 펴기보다는 왕위를 차
지하고, 유지하는 것에 많은 정열을 할애하여야 했다. 우리
나라 국민들에게도 널리 알려진 '삼국지'라거나 '초한지' 같
은 중국의 고대 소설들을 보면 그네들의 권력 투쟁이 어느
정도였는지 가늠할 수 있을 것이다. 심지어는 내시조차도
권력 투쟁에 가담했다는 기록이 있는 걸 보면 백성들의 안
위는 뒷전이고, 지배층들이 권력을 향한 암투에만 전력을
기울였음을 잘 알 수가 있다.
　일본의 경우도 크게 다르지 않아 막부라고 불리는 무인
세력이 천왕을 허수아비로 만들고 국정을 농단한 기간이 수
백 년에 이르렀고, 또 그들 사이의 권력 투쟁 역시 중국 못

지않게 치열했다고 한다. 인간의 욕망이라는 것이 원래 그런 모양이기는 하지만, 중국이나 일본의 경우, 그것이 너무 노골적으로 드러나게 된 것이 잘못이랄 수 있을 것이다.

중국의 문명이라는 것이 우리의 선조에 의해 시작되었음을 몇 번 밝혔고, 일본에 국가가 세워진 것도 우리 민족에 의해서라는 건 잘 알려진 사실이다. 그럼에도 어째서 그들은 백성들의 안위보다 권력 투쟁에 골몰한 것인가. 배우기를 잘못 배웠기 때문이다. 언젠가 책에서 보니 '자네는 왜 내가 달을 가리키면 달을 봐야지 손가락만 쳐다보고 있는가.'라는 구절이 있던데, 이와 같이 권력이 왜 존재해야 하는지는 이해를 못하고, 오직 권력 자체만을 목적으로 삼게 되니 암울한 왕조사가 전개되기에 이른 것이다.

물론 우리나라의 경우 규모면에서 중국보다 아래인 것만은 틀림없는 사실이다. 중국 자금성의 규모는 상상을 초월하는 수준이랄 수 있다. 그에 비해서 우리의 경복궁은 아이들 놀이터 수준의 규모이다. 그렇다고 중국이 우리보다 나은 것일까?

전혀 그렇지가 않다. 중국의 경우는 대규모의 공사를 자주 벌여서 백성들을 수없이 강제 노동으로 혹사시켰다. 만리장성 같은 것이 지금은 관광자원으로 각광 받고 있다고 하나, 군사시설로는 효율성이 많이 떨어지는 것임에도 지배층이 권력을 유지하기 위해 무리하게 백성들을 동원하였다고 보아야 한다.

　우리의 왕들도 얼마든지 백성들을 동원하여 대규모의 공사를 강행할 수가 있었을 것이다. 하지만 그리 하면 가뜩이나 어려운 백성들을 장기간에 걸쳐 고통스럽게 만든다는 것을 잘 알고 있었기 때문에 자제를 하고, 최소한의 규모로 축소했던 것 아니겠는가. 그런데 이제 와서 중국의 문물은 규모가 크니 우리보다 낫지 않는가라고 자책하는 한국 사람이 있다면 참으로 어리석은 태도이다.

　우리나라의 지배층은 전통적으로 예를 숭상하고 인명을 중시해서 가급적이면 백성들에게 불편을 주는 정책을 피하였다. 그래서 민본주의라는 말이 나온 것이고, 인내천 사상이 탄생한 것이다. 사람의 목숨을 중히 여긴 것은 물론이고, 길가의 이름 없는 풀조차도 다 하느님이라고 보아 소중히 생각한 것인데, 그 깊은 뜻을 헤아리지 못하는 세태가 답답하다.

　일본의 경우는 사무라이라고 하는 계급에게 절대적인 특권을 주어, 지시에 복종하지 않는 자는 그 자리에서 참수하는 법령이 있었다고 한다. 물론 그것이 장점도 있어서 일본인의 국민성이라는 것이 흔히 하는 말로 앗쌀하고 딱 부러지는 측면이 있는 건 부인할 수 없는 사실이랄 수 있다. 하지만 우리나라 선비들의 경우 인명을 소중히 생각해 가급적이면 계도하고 계몽하는 방법으로 백성들을 다스렸는데, 그러한 방식이 늘 성공했다고 볼 수는 없겠으나, 그래도 역사적으로 큰 난이 없었던 것으로 미루어 통치 수단으로 잘 활용이 되었다고 볼 수 있는 것이다.

　나는 국수적으로 우리나라의 모든 것이 잘되었다는 이야기를 하려는 게 아니라, 과거 우리 역사의 지배계층이 무능하지 않았다는 걸 젊은 세대가 잘 이해하기를 바란다는 뜻에서 설명하는 것이다. 또 우리나라의 경우 수없이 많은 외침을 받았음에도 먼저 외침을 하지 않았던 것도 우리나라가 무능력해서라고 생각해서는 아니 된다. 전쟁이라는 것은 무수한 백성들의 목숨을 담보로 하는 것이다. 농사일로도 분주한 백성들을 징발하여 장기간 훈련을 시키고, 사지로 내몰아 전쟁을 벌이는 것이 얼마나 어리석은 행위인지를 우리나라의 지배계층은 잘 알고 있었기에, 먼저 전쟁을 일으키지 않은 것이다.

　모든 것이 백성들 위주였고, 민본주의와 인내천 사상을 말뿐이 아니라, 정책에서 실천을 했던 것이다. 사람이 사람을 계도하고 교화 시키는 일은 참으로 힘들고 인내를 요구하는 일이다. 우리의 선조들은 그러한 가시밭길을 묵묵히 걸으며 이 땅을 지켜왔는데, 이제 와서 무능하다고 탓을 하는 사람이 있다면 큰 죄를 짓는 것이나 다름없다. 젊은 세대는 선조들의 깊은 뜻을 잘 헤아리고, 그들의 정신을 이어받아서 우리나라가 세계에 우뚝 서도록 만들어야 할 것이다.

10

● 고향의 유래

내가 노인회 일을 보던 1970년대에 누군가 마을의 유래에 대해 잡지에 기고를 해 달라는 부탁을 해 와서 마을의 유래에 관해 조사를 하고 글을 쓴 일이 있었다. 내가 태어나고 자란 용인군 기흥읍 서천리는 잘 알려지지 않은 조그마한 마을에 불과하지만, 지명을 파헤쳐보니 생각지도 못했던 마을의 역사가 드러나서 탄복한 일이 있었다.

먼저 내가 태어난 서천리라는 지명의 서자가 원래는 쥐를 뜻하는 쥐서(鼠)자였는데, 사실 우리 마을은 대대로 곡창지대여서 쌀이 많이 나기로 유명했다. 그 당시 춘곤기에는 끼니가 궁해지는 게 보통이었는데, 그때 사람들에게 쌀 한 가마를 빌려주고 수확 철에 빌려간 한 가마에 서 말을 추가해서 받는 현재의 금융기관과 흡사한 기관이 있었다. 그 무렵 지나가던 스님이 마을의 곳간을 살펴본 후 지명이 서천리라고 하자 고개를 갸우뚱했다.

"마을 이름에 쥐를 뜻하는 서자가 들어가면 안 좋습니다. 지명 따라 마을도 따라가는 것인데, 쥐 서자를 지명에 쓰면 이름 그대로 쥐가 다 파먹고 남는 게 없게 될 것입니다."

그가 덧붙여 말하기를, 풍수가 좋아 학문 하기에 적합하니 서자를 글을 뜻하는 서(書)자로 바꾸면 잘 될 것이라는 것이었다. 그 뒤 지역의 유지들이 모여 이 문제를 논해보니, 과연 스님의 말이 타당하다고 생각되어 그 뒤로 쥐를 뜻하는 서자가 아닌 글을 뜻하는 서자로 바꿔 부르게 되었다. 나는 예언이라거나 풍수 같은 것을 그다지 신봉 하는 사람이 아니지만, 지명을 바꾼 후 경희 대학 분교도 설립되어 있고, 대기업의 공장도 들어서 있으니, 지명을 바꾼 덕을 톡톡히 봤다고도 할 수 있을 것 같다.

또 하나 지명에 얽힌 일화가 있다. 내가 사는 곳 인근에 고래뿌리라는 마을이 있다. 독자들도 알다시피 고래는 바다에서만 사는 동물이다. 그런데 바다에 인접한 곳도 아닌 우리 마을에 어째서 고래라는 글자가 지명에 들어간 것일까.

이것에 관한 설명을 하자면 까마득한 과거로 돌아가야 한다. 과거에 가뭄이 들면 땅을 파서 물을 끌어올렸는데, 마을 사람들이 한길 반 정도의 땅을 파 들어가 보니 그곳에는 놀랍게도 갯벌 흙이 나오고, 그와 아울러서 물고기의 잔해와 조개 같은 어패류의 흔적이 나타났다는 것이다. 그러니 추론하자면 지금은 육지지만, 까마득한 과거에는 필시 이곳이 바닷가였음이 분명하다 하겠다. 그때의 흔적은 다 사라지고 고래뿌리라는 지명만이 남아 바닷가였던 태고 때를 알려주고 있는 것이 아니겠는가. 그러니 우리가 쉽게 쓰는 지명이라는 것이 다 선조들의 풍습이 담겨 있는 것이며, 지명을 연구하여보면 마을의 역사와 선조들의 삶을 대략은 이해할 수 있는 것이다. 나는 고래뿌리라는 지명의 유래가 원래는 우리 마을이 바닷가였기 때문임을 알고는, 과연 바닷가 갯벌이었던 시절의 사람들은 어떻게 살았는지 궁금하기도 했고, 또 유구한 세월이 흘렀음에도 고래뿌리라는 지명이 살아남아 있는 것에 대해 말할 수 없이 깊은 감명을 받았다.

지명과 마을의 역사에 얽힌 재밌는 일화가 하나 더 있다. 내가 사는 곳을 '국마을' 혹은 '국촌'이라고 불렀는데, 이 지명 역시 범상치 않아서 조사를 해보니 아니나 다를까 이 지명에도 역사의 숨결이 묻어 있었다. 마을 뒷산 근방에 커다란 봉분(무덤)이 있었는데, 마을 사람들은 누군가의 봉분이라는 것만 알고 있을 뿐, 유래에 대해서는 아는 바가 없었다. 그런데 내가 젊었을 때 그곳을 방문해보니 봉분의 한쪽에 구멍이 뚫려 있는 게 영락없이 도굴의 흔적이었다. 도굴을 할 정도라면 이 봉분이 일반 사람의 묘가 아닌 것은 분명하다 싶다고 생각했는데, 역시 고려 때 왕족이 죽어 이곳에 묻혔다는 이야기가 있었다. 그리하여 '국마을'이라는 지명이 현재까지 이어져 내려오고 있는 것이다.

또한 우리 마을에는 '불당골'이라는 곳이 있었다. 그런데 글자를 그대로 해석해 보자면 불이라는 글자는 석가모니를 뜻하는 깨달을 불이었고, 당은 집을 뜻하는 당자였으며, 골은 마을을 뜻하는 것이었다. 그렇다면 불교와 이 마을 사이에 무슨 연관이 있지 않겠냐고 사람들이 추론을 하였는데,

역시나 마을 아낙들이 약초를 캐던 도중 흙 속에서 기왓장을 여러 개 발견하였으니, 필시 이곳에는 커다란 절이 있었다고 봄이 타당하고, 그리하여 마을의 지명이 불당골로 불려지게 된 것이 아닌가 하는 것이다.

이와 같이 내가 살던 조그마한 마을의 지명에도 선조들의 발자취가 이렇듯 많이 남아 있으니, 이를 통하여 할 수 있는 것은 현대인들이 어디 하늘에서 뚝 떨어진 것이 아니라는 사실이다.

기왕 마을의 유래에 관한 이야기가 나왔으니, 내 고향의 풍광에 관해 몇 마디 언급하고자 한다. 내가 태어나고 자란 곳은 소백산 줄기를 이어 받아 풍광이 무척 수려하다. 뒤로는 칠보산을 비롯한 높은 산들이 병풍처럼 둘러싸여 있고, 그 산들의 품에 커다란 저수지가 안겨 있는 형상이다. 나는 조상의 음덕을 기리기 위해 산을 하나 사서 그곳에 조상의 묘를 모셨고, 저 세상 사람이 된 아내도 그곳에 묻혀 있으며, 또한 내가 안치할 자리도 미리 준비를 해 두었다. 수원에서 풍수지리협회 회장을 하고 있는 분에게 이러한 이야기를 해 주니, 시간을 내어 방문해 보고 평을 해 주겠다하여 언젠가 한 번 동행을 했는데, 그분이 천하의 명당이라 칭송하고 이름 하여 공작이 알을 품은 형국이라 칭해주어서 상당히 흡족했던 적이 있었다.

풍수를 그다지 신봉하는 것은 아니나, 예부터 전해 내려오는 전통이므로 무시할 수 없는 것이라고 생각하고 있다. 지명이라거나 풍수라고 하는 것에 생각이 미치면 까마득한 과거의 선조들이 생각난다. 그분들의 얼과 혼이 편안하도록 잘 받드는 것이 후손된 도리임은 두 말 할 필요가 없을 것이다.

4장. 살며, 사랑하며 배우며

돈을 들여서 외국의 관광지를 가면 멋진 모습은 많이 볼 수 있겠지만, 그곳에서 죽을 때까지 살라고 하면 절대로 못살 것 같다. 국회의원들이 국회에서 서로 욕을 하고 멱살을 잡고 흔드는 모습도 한국이 아니면 볼 수 없는 풍경이기에 어찌 보면 좀 친근하게 느껴지고, 퉁명스럽고 불친절한 사람들 모습도, 그게 좋다는 건 아니나, 어쩐지 한국적이라는 생각에 이해를 하게 된다. 그러고 보면 나는 천상 한국인인 셈이다.

1

● 부족한 것을 즐기다

나는 그동안 모은 재산을 모두 자식들에게 물려주어서 재산이라고 할만한 것이 없다. 큰 아들이 한달에 얼마씩 용돈을 주어 그것으로 생활하고 있는데, 내가 물려준 재산이 있으니 나는 보험을 들어놓았다가 말년에 그걸 타먹고 있는 게 아니냐고 농담 삼아 말하고는 한다.

나를 찾아오는 사람들 가운데는 더러 놀라는 사람도 있다. 나를 잘 알고 있는 그들은 내 재산이 적지 않았음을 알기에 작은 사무실에서 빈한히 지내고 있는 내 모습이 예상했던 것과는 전혀 다르기 때문일 것이다.

실제로 나는 사무실도 다른 업무를 보는 지인의 사무실에 곁들여 사용하고 있으며, 그 흔한 컴퓨터도 없고, 거의 유일하게 애착을 지닌 물건이란 책의 내용이나 가요를 녹음해서 즐겨 듣는 카세트와 오래된 낡은 가죽 가방 하나뿐이다. 현재의 내 모습은 너무나도 평범한 노인네에 불과하다.

또, 사회 활동도 상당히 자제하는 편이어서 꼭 필요한 모임 한두 군데 외에는 외부 활동이 없는 편이며, 찾아오는 사람도 드물다. 어떤 사람은 그리도 바쁘게 활동하다가 정적인 활동을 하면 답답하지 않겠느냐고 생각할 수도 있겠는데, 사실은 전혀 그렇지 않다.

우선 앞에서 이야기한 돈 문제만 하더라도, 큰아들 내외가 주는 얼마간의 용돈으로도 그리 어렵지 않게 생활하고 있다. 나 자신이 외부 활동이 분주한 시기에는 씀씀이가 좀 큰 편이었기에, 꼭 필요한 일이라고 생각되거나, 정말로 처지가 딱해 보이면 몇 천만 원 정도는 인색하지 않게 희사를 하고는 했다.

그러다보니 주위에 사람도 많이 따르고, 베풀 줄을 아는 사람이라는 칭찬도 흔하게 듣게 되었다. 나는 하루도 건너는 적이 드물 정도로 다양한 모임에 초대되었고, 다양한 사람들의 내방을 받았다. 몇 번인가는 공직에 출마하라는 제안도 받았다.

지금 생각해보면 그러한 활발한 사회활동도 의미가 있었고, 여러 사람의 생각을 접해보는 즐거움도 있었다. 그런데 너무 바쁘고 봉사하는 삶만 살다보니 정작 나 자신의 영혼이 쉴 틈이 없었던 것 같다. 그것이 공부건, 아니면 집필이건, 아니면 그냥 아무 것도 안하는 사색의 시간이건 간에, 나 혼자만의 시간이 필요하다는 생각이 들기 시작했다.

그런데 내가 원하고, 내게 꼭 필요한 시간을 갖다보니 구태여 큰돈이 필요하지 않다는 생각이 들었다. 어떤 사람은 인생의 마지막 순간까지 그동안 모은 재산을 모두 움켜쥐고 있다가 사후에 유언장을 통해 재산을 자식에게 물려준다는데, 나는 이모저모를 곰곰이 생각해보아도 내게 꼭 필요한 만큼이 아니면 굳이 그것을 붙들고 있을 필요가 없다는 생각을 하게 되었다.

우선 큰 재산을 소유하고 있으면 그것을 지켜야 한다는 책임감이 들 것이고, 또 더 중요한 문제는 내게 재산이 좀 있다는 걸 알면 그것을 필요로 하는 많은 사람들이 이런저런 방법으로 접근해 올 것이기 때문에 긴장된 인생을 살게 될 수 있었다.

실제로 재산을 자식들에게 모두 분배하고 얼마간의 용돈으로 생활한 후부터 나는 전과 비교할 수 없이 홀가분한 마음으로 살아가고 있다. 그런데 사실은 지금과 같은 빈한한 생활이라는 게 어쩌면 정말로 나다운 것인지도 모른다는 생각도 든다. 중년이후 꽤 큰 성공을 거두기는 했으나, 그전까지의 나는 그냥 가난하고 성실한 보통의 농부에 다름 아니었다. 그 후 성공해서 큰 규모의 재산을 소유하게 된 것은 어찌 보면 덤으로 주어진 인생 같다고도 생각한다.

세상에는 정말 볼거리도 많고 맛있는 것도 많고 갖고 싶은 것, 사고 싶은 것도 많다. 그런 걸 보고 자라면 누구라도 돈을 원 없이 벌어서 그것들을 모두 소유해 보고 싶은 게 인지상정일 것이다. 자본주의로 인해 열심히 노력하는 풍토가 생긴 건 바람직하지만, 돈 때문에 극악무도한 범죄가 하루가 다르게 늘어나는 걸 보면 답답한 마음도 생긴다.

예전에 어떤 영화를 보니 이런 장면이 있었다. 한 가난한 소년이 있었는데, 그 동네의 한 여인이 성적으로 문란하고 개방적이라는 소문을 듣고는 찾아가 한 번 경험을 해 달라고 부탁한다. 그 여인은 짓궂은 생각이 들어서 저녁에 달콤한 케이크를 갖고 오면 허락을 하겠다고 말해주었다. 여인은 소년이 어떻게 나오는지 궁금해서 장난을 좀 친 것이다.

그런데 순진한 소년은 정말로 케이크를 들고 그녀의 집을 찾아간다. 하지만 여인은 소년의 기대에 찬 모습을 엿보기만 할 뿐 문을 열어주지 않았다. 소년은 케이크를 들고 기다리다가 너무나 배가 고파서 그만 케이크를 먹어버린다.

영화를 본지 하도 오래돼서 그 후의 스토리는 기억에 없으나, 사람의 욕망을 참 잘 표현한 영화라는 생각이 들었다. 이 글을 읽는 사람 가운데도 어린시절 엿이나 강냉이가 먹고 싶어 집안의 가재도구를 갖다 주고 그것들과 바꾸어 먹은 경험이 있는 사람도 더러 있을 것이다.

이런 경험은 결국 무언가를 마음껏 가질 수 없기 때문에 일어나는 일들이다. 그런데 다른 사람이 보면 참 초라하고 슬프게 보일지도 모르겠으나, 나는 그렇게 부족한 삶이 지금은 정말로 인생의 참 모습일지도 모르겠다는 생각이 들고, 또 그것이 아름답게까지 보인다.

나이든 사람들이 흔히 하는 말 가운데 하나가 '좀 부족한 듯이 먹어라'라는 것이다. 이 말은 부족하게 먹어야 건강에 좋다는 뜻도 되지만, 그 보다는 모든 면에서 좀 부족한 듯 살아야 좋다는 선인들의 지혜가 담긴 말로 해석할 수도 있다.

좀 부족한 사람이라야 자기 것이 중요하다는 것도 알게 되고, 돈을 벌더라도 적당히 잘 운용을 할 수 있지 않나 싶다. 단순히 검소하게 산다는 차원이 아니라, 나아가서 부족하고 불편한 생활을 즐길 수 있다면 세상에 대해 큰 불만을 갖지 않을 것이기 때문에 균형 잡힌 인생을 살 수 있게 될 것이다.

나는 지금 작은 사무실에서 볼일을 보고 낡은 카세트 테이프로 음악과 시를 들으며 공원에서 가벼운 산책을 하는 것만으로도 얼마든지 넉넉하고 즐거울 수 있다. 물론 다양한 경험이 있으니 가능한 것일 수도 있으나, 이렇게 검소한 생활을 하다보니 너무 많이 가지려고 안간힘 쓰는 사람들을 보면 좀 애처롭게 보이기도 한다. 강요한다고 될 일은 아니겠으나, 부족한 것을 즐기는 자세로 살기를 바라는 게 인생의 말년에 이른 내가 젊은 사람들에게 바라는 바가 되었다.

● 노인의 경험은 소중하다

노인회 회장을 맡았을 때 내가 주도해서 만들었던 것 가운데, 대표적인 것이 공동 세배였다. 사실 개인주의 시대에 마을의 노인들에게 명절이라고 예를 표한다는 건 보기 드문 일이다. 나는 젊은 세대와 나이든 세대가 보기 좋게 화합하면 마을의 분위기가 훨씬 부드러워질 것이라는 생각으로 공동 세배를 성사시켜 마을의 분위기를 밝게 만들었다.

그 외에도 노인정에서 한학자들을 초빙하여 청소년을 상대로 강의도 하였는데, 그 결과도 무척 좋았다. 젊은 세대는 대체로 도학이라거나 한학에 대해 잘 모르기도 하고, 구식이라 하여 배척하는 경향이 있는데, 내가 볼 때는 너무 암기에만 치우친 요즘 교육의 단점을 보완하는 것으로 도학이나 한학만큼 좋은 게 없다고 생각한다.

젊을 때는 자신이 늙는다는 것을 생각지도 못한다. 마냥 젊을 것이라고 생각하거나, 노인이 되는 것은 까마득히 먼 미래의 일이니 자신과 무관하다고 생각하는 게 보통이고, 또 그것은 자연스럽다.

하지만 청년의 모습은 노인의 과거이며, 노인의 모습은 청년의 미래가 아닌가. 청춘은 건강하고 아름답기는 하지만, 그것 자체로는 불완전해서 다양한 시행착오를 겪기 마련이다. 그런 면에서 나처럼 인생의 말년에 이른 사람이 들려주는 사심 없는 조언도 귀담아 들을 필요가 있는 것이다.

나는 무조건 나이든 사람을 받들어 모시라고 말하는 건 현실성이 없다고 생각한다. 또 강요에 의해 노인을 공경하는 시늉만 하면 마음속으로는 오히려 반발심이 생길 수도 있다. 지금이 조선시대도 아닌데, 나이순으로 존중을 받아야 한다면 얼마나 세상이 답답해지겠는가.

그런데 내가 젊은 사람들을 보면 마치 물가에서 노는 아이를 보는 것처럼 위태롭고 불안할 때가 많다. 왜냐하면 내가 살아오면서 실패했던 걸 반복하는 경우를 많이 보기 때문이다. 물론 당사자는 반드시 성공할 것이라는 확신을 갖고 일을 저지르는 것이겠으나, 세상사를 두루 경험해본 입장에서 보니 인생이란 결국 부처님 손바닥 위에서의 재주라는 결론에 이르렀다.

그러나 대체로 나는 속으로만 마음을 졸일 뿐, 선뜻 조언을 하지는 못한다. 노인네의 고루한 참견으로 여길 것이기 때문이다. 다만 내가 조금 심각하게 생각하는 것은 가족간의 대화 단절이다. 부모 자식간에 대화가 사라지면 집 안에는 죽음처럼 무서운 적막만이 남는다. 그래서 인생의 황혼기를 맞은 노인들이 스스로 목숨을 끊는 경우가 생기는 것이다.

그런데 이 모두가 선입견 때문에 생기는 일인 것 같다. 젊은 세대는 노인들이 괜히 참견을 해서 자기의 일을 방해한다고 생각해서 대화를 시도조차 하지 않고, 노인들은 죽어라고 고생해서 살만하게 만들어놓았더니 자신을 소외시킨다고 불만을 갖는 것이다.

해결 방법은 서로 대화를 해야 한다는 것이다. 우선은 마음을 활짝 열고 대화를 해 보아야 문제의 실마리가 풀린다. 내가 노인정 회장으로 일할 때 젊은 세대를 포용하려고 많은 노력을 기울인 것이 바로 대화의 물꼬를 트려는 이유 때문이었다. 가만히 앉아서 젊은 세대가 노인들을 공양만 해주기를 바라면 안 된다는 생각에 내가 적극적으로 나서서 다양한 프로그램을 만들었던 것이다.

다행스럽게도 나의 노력은 빛을 발해서 우리 마을이 전국에서 효자 효부가 많기로 소문이 났고, 또한 처음에는 읍 단위에만 활발하던 젊은 세대와 노년 세대의 대화가 군단위로 퍼졌고, 나아가서 경기도 전체에까지 파급되는 효과를 발휘했다. 어쩌면 보이지 않는 곳에서 이루어진 나의 작은 노력이 이 사회의 세대 문제를 허무는 데 힘을 보탰을지도 모른다고 생각하면 마음이 뿌듯해진다.

물론 여든을 넘긴 지금은 그때와는 또 다르다. 지금은 뒷전으로 물러나 앉아 멀찌감치 세상을 바라보는 일에 심취해 찾는 이도 드물뿐더러, 누가 애써 찾아오기를 바라지도 않는다. 어쩌면 나는 인생의 여러 단계 가운데 마지막 단계를 살고 있는 것인지도 모르겠다.

가끔 시내를 나가보면 젊은이들을 보게 되는데, 지금은 그들과의 세대 차이보다는, 영혼의 방황을 먼저 체감하게 된다. 세상은 과거와 비교할 수 없이 윤택해졌고, 살기 좋아졌는데, 어째서 모두가 마음의 안식을 찾지 못하고 낯선 곳을 방황하는지 모르겠다는 생각이 든다.

거짓말을 해서 상대를 속이면 당하는 것은 상대방이라고 생각하겠지만, 사실은 그 반대이다. 거짓말을 한 사람은 당장 몇 푼의 이익은 볼 수 있을지 모르나, 그 영혼은 끝이 없는 나락으로 굴러 떨어져서 영원히 회복이 되지 않는다. 그렇게 타락한 영혼들이 수없이 넘쳐나는 걸 보고 있노라면 나라도 무언가 해야 한다는 조바심이 생기지만, 앞장서서 행동을 하기에 이제 나는 너무 늦은 나이고, 또 사람을 근본적으로 변화 시킨다는 게 말처럼 그리 쉬운 게 아니라는 것도 살아오면서 깨닫게 되었다.

그래도 누군가가 내 진심을 알아주기를 바라며 이렇게 글
을 쓰고 있는데, 이 저작을 읽으며 누구 한 사람이라도 삶
의 이치를 깨닫는다면, 그것으로 나는 보람을 찾으려 하고
있다.

3

● 나는 천상 한국인

아들 내외와 태국을 여행했을 때의 일이다. 마침 내가 머물던 때 그곳에서는 내전이 일어나 치열한 전투가 벌어지기도 하는 등, 대단히 혼란스러웠다. 국회의사당에도 총탄이 퍼부어졌을 정도였다.

그런데 우리로서는 다소 이해하기 어려운 방법으로 내전이 진압되었다. 태국 국왕이 내전의 리더들을 왕궁으로 불러서 서로 화합을 시킨 것이다. 치열한 권력 투쟁을 벌이다가도 국왕이 부르면 즉각 달려가서 지시에 복종하는 모습이 현대국가에서는 보기 드문 일로 보였다.

또, 호주에 갔을 때 깜짝 놀랐던 건 여자들의 권위가 하늘을 찌를 듯이 높다는 점이었다. 그야말로 여성상위시대요, 모권 사회라고 할 수 있었다. 어느 가정이나 여성이 중심이 되었고, 가사분담도 잘 이루어져 있어서 여성들의 천국이라 불릴 만 했다.

177

내가 외국을 다니기 시작한 건 비교적 최근의 일이다. 그 전까지는 외국 여행을 할만한 여유도 없었고, 외국에 대해 그다지 관심도 없었다. 그러다가 나이가 드니 내가 태어나고 자란 곳 외의 세계는 어떠한지 궁금해서 외국을 좀 다녀본 것이다.

그리고 내가 느낀 바는 앞에서 언급한 대로 나라마다 참 다양한 관습이 존재한다는 점이었다. 나에게는 당연한 것이 다른 나라 사람에게는 의아하게 보일 수 있듯이, 그네들에게는 당연한 것이 내게는 당최 이해할 수 없는 것으로 보이기도 했다.

나는 인생의 대부분을 흙과 함께 살았다. 중년이후 꽤 큰 성공을 거두기는 했지만 그래도 근본적으로 나는 농부라고 생각한다. 그렇기 때문에 도시에서 자리잡은 사람을 만나는 것보다는 고향에서 평범하게 농사를 지으며 사는 사람들에게 친근감을 느끼는 경향이 있지 않나 싶다.

예전에 미국으로 이주해온 흑인들의 이야기를 그린 '뿌리'라는 미국 드라마가 큰 인기를 끌었는데, 그들도 고향인 아프리카를 마음의 고향으로 여기고 있었다. 자신이 태어나고 자란 곳은 그만큼 중요한 것이다.

가끔 아직 재건축을 하지 않은 시골집을 가보면 여러 가지 생각이 든다. 불편하기가 이루 말 할 수 없고, 난방이 잘 안 되서 겨울이면 엄동설한의 추위에 그대로 노출돼서

과연 내가 저런 곳에서 어떻게 반평생을 살았는지 의아할
정도다.

하지만 그곳엔 아스라한 추억이 있다. 춥고 배고팠지만
가족간의 정이 있었고, 미래에 대한 희망이 있었다. 친구들
과도 허물없이 지냈고, 어려운 이웃들끼리 도움도 주고받았
다. 그런 것을 우리 세대의 관습이며, 문화라고 부를 수 있
을 것이다.

외국에 좀 오래 있다가 한국으로 돌아오는 비행기를 타면
한국인의 모습이 많이 보이는데, 내가 천상 한국인이라서
그런지는 몰라도, 같은 한국인들이 왁자지껄 떠드는 모습에
서 안도감을 느끼게 된다. 공항에서 나와 한국의 풍경을 대
하면 그 감정은 더욱 커져서 '아, 여기가 내 고향이구나.'하
는 생각이 강하게 든다.

돈을 들여서 외국의 관광지를 가면 멋진 모습은 많이 볼
수 있겠지만, 그곳에서 죽을 때까지 살라고 하면 절대로 못
살 것 같다. 국회의원들이 국회에서 서로 욕을 하고 멱살을
잡고 흔드는 모습도 한국이 아니면 볼 수 없는 풍경이기에
어찌 보면 좀 친근하게 느껴지고, 퉁명스럽고 불친절한 사
람들 모습도, 그게 좋다는 건 아니나, 어쩐지 한국적이라는
생각에 이해를 하게 된다. 그러고 보면 나는 천상 한국인인
셈이다.

일제 시대에 청소년기를 보냈고, 전쟁 때는 청년이 되어

죽을 고생을 했고, 그 후 60년대와 70년대에 기반을 잡은
나는 한국사회의 변화해 가는 과정을 고스란히 체험하며 이
나이에 이르렀다고 볼 수 있을 것 같다.

● 노년을 준비하라

젊을 때는 늙는다는 것을 생각지도 못하는 게 자연스럽다는 이야기는 다른 장에서 이야기 했던 바가 있다. 늙음이라거나, 죽음이라는 것을 너무 일찍 고민하는 게 좋다고는 말할 수 없다.

다만 나이 드는 것을 너무 먼 나라의 이야기라고 생각하지 말았으면 좋겠다. 자신이 언젠가는 노인이 된다는 것을 받아들이고, 조금씩이라도 노년의 삶을 준비해야 한다고 생각한다.

나이를 먹는 다는 게 꼭 나쁜 것만 있는 것은 아니다. 나이가 들면 경험이 쌓여서 가치관도 변하고, 일상생활에서도 여유를 갖게 된다.

젊은이가 매력이 있는 것은 어찌 보면 당연한 일이랄 수 있다. 신체적으로 건강하고, 자신감도 있으니, 나이든 사람이 부러워할만하다. 그런데 정말로 멋진 사람은 나이가 들어도 늙지 않는 사람이라고 생각한다.

나이가 들어도 늙지 않다니? 어디서 불로초라도 구해 먹었다는 말인가? 라고 의아하게 생각하는 사람도 있을 것이다. 나이가 들면 신체적으로는 늙는 게 당연하다. 그러나 신체가 늙었다고 정신까지 그만큼 노화되었다면 정말 불행한 인생을 살고 있는 것이라고 봐야 한다.

똑같이 나이가 들었음에도 어떤 사람은 그리 외롭거나 불행해 보이지 않는데 반해서 어떤 사람은 한없이 고독하고 초라해 보인다면 살아가는 자세를 되돌아볼 필요가 있지 않나 싶다.

이런 사람들은 대체로 나이가 드는 것을 지나치게 염려하고 초조해하는 경향이 있는 것 같다. 세월이 가는 것은 호미로도 막을 수 없다는 속담이 있다. 아무리 안간힘을 써도 나이 드는 것은 막을 수가 없는 법이다.

노년이 되었다면 당연히 젊을 때처럼 활동할 수는 없을 것이다. 그러나 노년이 되었으니 젊을 때와는 다른 가치관을 지니고 살아간다면 젊은 시절에 느끼지 못한 삶의 또 다른 즐거움을 체험할 수 있다고 생각한다.

요리를 배워도 좋고, 글을 써도 좋고, 바빠서 하지 못했던 특정 분야의 공부를 해도 좋다. 눈코 뜰 새 없이 바쁘게 돌아가는 현실에서 한 발 비켜나 느긋하게 관조하며 자신이 하고 싶은 일을 해 본다면, 노년은 불행한 것이 아니라, 새로운 행복을 찾는 시기가 될 수 있지 않나 싶다.

　인생의 말년을 보내고 있는 나는 항상 무언가를 준비하고 계획한다. 물론 그 계획들이 모두 순탄하게 현실로 이루어지는 건 아니지만, 계획하고 준비하는 것만으로도 에너지가 넘치는 느낌이 든다. 나는 계획을 세울 때마다 어린이가 소풍 가기 전에 밤잠을 뒤척이는 것처럼 설렌다.

　나이가 들었어도 비관하지 않고 새로운 도전을 하는 사람이라면, 다른 사람의 눈에 결코 고독하거나 불행해 보이지 않을 것이다. 내가 어렸을 적에 동네에 연을 만드는 할아버지가 있었다. 그분은 지금의 나만큼이나 나이를 먹었음에도 항상 하얀 저고리를 입은 단정한 차림으로 연을 만들어서 아이들에게 보급하는 일을 했더랬다.

　어린 나의 눈에 그분은 어느 젊은 사람보다 멋지고, 훌륭해 보였다. 나는 어느 정도 나이가 들기 시작하면서 늘 어린시절 보았던 연 할아버지의 모습을 나 자신에게 투영했다. 물론 내가 그분에 대해 자세히 알지 못하니, 그분의 실제 삶에 대해서는 전혀 모른다. 다만 화투로 소일을 하거나, 자신의 처지를 한탄이나 하는 다른 노인들과는 여러모로 달랐기 때문에, 나 역시 가능하면 그렇게 늙어가고 싶다고 생각했다.

　지금 내가 다른 사람에게는 어떻게 비춰질지 잘 모르겠다. 예전에 그렸던 노년의 모습과 비슷한 면도 있고 다른 면도 있는 것 같다. 분명한 건 나 자신이 인생의 말년을 보내고 있기는 하지만, 그다지 불만이 없다는 것이다. 날이 갈수록 마음은 느긋해지고, 모든 것에 감사한 하루하루를 보내고 있는데, 이런 내 심정이 외향으로도 드러나는 것인지, 근래의 나를 만나는 사람마다 참 편안해 보인다는 덕담을 많이 건넨다.

● 긍정적인 사람과 부정적인 사람

여기까지 읽은 독자들은 내가 쭉 교훈만 늘어놓으니, 어쩌면 내가 성인군자라도 되는 줄로 알지도 모르겠다. 나 역시 과거에는 경쟁심과 시기심으로 살았던 시기가 있었다. 그렇게 살아서는 안 된다는 걸 깨달았기에 삶의 자세를 고쳤던 것이고, 지금 이렇게 후대를 위해 내가 느낀 바를 기록하고 있는 것이다.

생각이 부정적인 사람은 주변에도 늘 부정적으로 생각하는 사람만 모이고, 그러다보니 일도 잘 안되게 되어 있다. 반대로 긍정적인 사람은 다른 사람에게 희망과 열정을 불러 일으켜서 안 되리라고 생각했던 일도 종당에는 되도록 만들 수 있다.

부정적인 사람은 일이 잘못되면 남의 탓을 한다. 다른 사람이 방해를 해서 안됐다고 생각하고, 사회가 불공평해서 안됐다고 생각하고, 정부가 안 도와줘서 안됐다고 생각한다.

그러나 긍정적인 사람은 일이 잘 안 되면 반성부터 한다. 다른 사람 때문에 실패했다면, 사람을 잘못 채용한 자신에게 문제가 있다고 생각하고, 차별을 당했다면 나중에 성공해서 잘못된 관습을 꼭 고쳐야겠다고 마음먹으며, 정부의 정책에 문제가 있다면 건의를 해서 고쳐지도록 노력한다.

그러므로 부정적인 사람은 사회에 부정적인 영향을 끼치고, 긍정적인 사람은 사회와 국가에 긍정적인 기여를 하게 되는 것이다. 우리 사회에는 아직 부정적인 기운이 강하게 남아 있다. 어딜 가나 험담과 불평불만만 들리고, 거짓말과 모략이 넘쳐난다. 다른 사람의 성공을 축하하기보다는 남의 발목을 붙잡느라 혈안이 되어 있다. 그러다보니 말 한 마디도 편하게 할 수 없는 거대한 감옥처럼 사회가 변하고 말았다.

긍정적이라는 것은 삶에 자신이 있다는 뜻이다. 불굴의 투지로 어려움을 극복해 왔으니, 어느 정도의 장애가 닥쳐도 겁을 먹지 않는다. 축구를 텔레비전으로 관람하다보면 해설가가 '그라운드를 넓게 쓰는 선수'라는 말을 하는 걸 들을 수 있다. 눈앞의 모습만 보는 게 아니고, 운동장 전체를 조망하며 시합을 하니, 좋은 기회를 많이 만드는 것이다.

인생도 마찬가지다. 모두가 거짓말을 하고, 남의 비위나 맞추며 사는 차에, 정직하게 양심에 따라 주어진 직분을 다하는 사람은 바보라서 그리 사는 것일까? 전혀 그렇지 않다. 자기 일에 충실하다는 것은 인생을 넓게, 그리고 멀리

보는 지혜로운 태도이다. 적은 사람을 잠깐 속이기는 쉬우나, 많은 사람을 오랫동안 속일 수는 없다는 격언이 있다.

인생이라는 항로가 당장은 불공평한 것 같으나, 70년 80년의 인생살이가 결코 짧은 것이 아니므로, 언젠가는 노력의 대가가 따르게 되어 있다. 반대로 남을 속이고 거짓말로 이익을 보려는 사람은 짧은 순간은 성공할지도 모르지만, 종당에는 모든 것을 잃고 처절하게, 살아온 날들을 후회하게 되어 있는 것이다.

긍정의 힘이란, 바로 이러한 인생의 공평무사함을 이해하고, 정당한 노력을 하는 것이며, 반대로 부정의 힘이란, 세상에 대해 불평불만을 늘 갖고, 툭하면 사회와 정부에 모든 책임을 돌리면서, 자신은 정당한 노력을 하나도 하지 않게 만드는 힘이랄 수 있다.

삶을 대하는 태도가 긍정적이면 운도 좋아진다. 나는 마흔 무렵까지 죽을 고생을 했기 때문에 가난을 벗어날 수 없다고 생각했다. 하지만 한 번 잘되기 시작하자 자신감이 붙었고, 그때부터 무엇을 해도 잘되었다. 운이라는 건 본인이 어떻게 생각하느냐에 따라서 좋을 수도 있고 나쁠 수도 있는 것이다. 실현 가능한 계획을 세워서 성공을 하게 되면 자신감이 부쩍 늘어서 세상에 대한 두려움이 없어진다. 이런 사람은 남을 절대로 탓하지 않는다. 자기 계획을 실천하기도 바쁜데, 남 탓을 할 시간이 어디 있겠는가.

그러나 실패하는 사람들은 무모한 계획을 세워서 실패를 하게 되고, 그 책임을 모두 남에게 돌리기 마련이다. 물론 살다보면 악한 사람을 만나서 피해를 입을 수도 있지만, 그것도 결국은 자신의 책임이라고 생각해야 한다. 실패를 거울삼아 다음에는 조심을 한다면, 그것도 헛된 경험은 아닌 것이다. 그런데 실패 하는 사람들은 똑같은 실패를 계속 되풀이 하게 된다.

　지금은 앞이 잘 보이지 않을지라도, 정직한 노력을 해야 한다. 내가 이 나이에 괜히 듣기 좋으라고 이런 말을 하겠는가. 다 경험에서 우러나온 것이다. 진실한 노력을 하면 언젠가는 그것이 자신의 소중한 재산이 된다. 이 글을 읽는 독자들 가운데 어려움에 처한 이가 있다면 꼭 명심해 주기를 바란다.

6

● 부자의 조건

없이 사는 사람들이 자주 하는 이야기가 있다. 수 천 억 이상을 가지고 있는 부자가 몇 억 정도 그냥 나한테 선심 쓰면 얼마나 좋겠냐 하는 식의 이야기이다. 일견 맞는 말이다. 어차피 그 돈 짊어지고 저승으로 갈게 아니라면 어려운 사람한테 턱하니 내 놓으면 주는 사람도 기분 좋고, 받는 사람은 당연히 좋고 보는 사람도 흐뭇할 것이다.

그런데 그런 부자는 드물다. 그러니 없이 사는 사람들은 늘 부자를 탓하는 것이다. 그런데 이렇게 한 번 생각을 해 볼 필요가 있다. 부자가 없다고 생각하면 처음부터 불만이 생기지 않을 게 아니냐는 것이다. 부자가 있고, 부자를 의식하니, 부자에게 바라고 기대려하고, 그게 안 되면 불평을 하는 것인데, 애초부터 부자가 나와 아무 상관없는 사람이라고 생각해버리면 불만이라는 게 생기려야 생길 수가 없다는 것이다.

우리 사회의 문제도 흡사한 것 같다. 사람 마음이라는 게 참 기묘해서, 혼자 내버려두면 열심히 잘 살던 사람도 남이 잘 되는 걸 보면 배가 아파 어떻게 해서건 참견을 하려하고, 과자 부스러기라도 좀 얻어먹으려 하는 경향이 있는 것 같다. 사이좋게 지내던 이웃지간도 어느 한쪽의 살림살이가 갑자기 좋아지면, 갑자기 돌변해서 원수 보듯 하는 경우도 흔하게 있다. 이웃이라는 인연이 있으니, 뭐 하나라도 나눠야 되지 않겠느냐는 것이다.

그런 불만을 가진 사람들이 모여서 하나의 집단을 이루면 힘이 강성해져서 나중에는 공권력을 무기력하게 만들고 사회의 기강이 흔들리게 되는 것이다. 그러니 우리 사회는 정당한 노력으로 돈을 벌어도 괜히 남을 의식해야 하고, 억지춘향식으로 남의 비위를 맞추어야 한다.

이런 말을 하면 어떻게 들릴지 모르겠는데, 나는 살아오면서 정말로 억울한 일을 당한 가난한 사람은 단 한 사람도 만나본 적이 없다. 가난과 고통의 이유는 대부분 그들 자신에게 있었다. 오히려 부자가 억울하고 부당한 대우를 당하는 일이 더 많았고, 부자가 가슴 아픈 일을 당하는 경우가 더 많았다.

그런데 모든 언론 매체나 지식인들은 가난한 사람은 천사처럼 선하게 살고 있으며, 그들 대부분이 착취를 당해서 가난하다고 쓰고 있다. 반면에 부자는 모두가 포악하고, 매정하다고 쓰고 있다. 물론 가진 것이 많으니 그에 따르는 책무도 크고, 또 가진 것을 사회에 베풀어야 한다는 측면도 있기는 하다.

하지만 그것을 지나치게 강요하는 사회 분위기가 되면 활발한 경제 활동이 위축될 가능성이 있다는 것도 알아야 한다. 나는 농부 출신인지라, 농사를 예로 들면, 내가 애써 씨를 뿌리고 여름 내내 농사일을 짓는 수고를 했는데, 수확철이 되어 거둘 것이 없다면 얼마나 허무한가. 좋은 사회가 되려면 노력한 만큼의 정당한 대가를 소유하는 것을 당연시해야 하고, 나아가서 장려해야 한다고 본다.

검소하게 사는 것은 모두가 지향해야 할 바이기는 하지만, 가진 사람들이 너무 인색하게만 살아도 없는 사람은 더 힘들어질 수 있다. 각종 매스컴을 보면 가진 사람들의 호화로운 생활을 지나치게 비판만 하는 경향이 강한데, 일견 타당한 측면도 있기는 하지만, 지나치면 전체 경제가 위축되어 없는 사람이 더 어려워질 수 있는 것이다.

고대 그리스의 문명에 대해서 모든 독자들이 잘 알고 있을 것이다. 고대 그리스에서는 숱한 천재가 나타나 예술, 천문, 수학, 철학 등의 분야에서 뛰어난 업적을 많이 남겼다. 그런데 어째서 그리스에서는 다른 나라와 다르게 천재들이 많이 등장했던 것일까?

그 당시 그리스는 군사적으로도 강국이어서 외국을 점령하면 그 나라 국민들을 자국으로 데려와 노예로 썼다고 한다. 육체적으로 힘이 드는 노동을 죄다 노예들에게 맡기니, 그리스인들은 경제적으로도 부유하고, 시간 여유도 많아서 예술 활동과 사유 활동에 많은 할애를 할 수가 있었던 것이다.

부를 소유했다고 자기 욕구만 채우는 인생을 살면 비판도 받을뿐더러, 인생 자체도 덧없는 것이라고 생각한다. 힘들여 부를 소유했다면 그 다음에는 인생을 음미하고, 사유와 철학을 통해 인생의 깊이를 추구하는 자세를 가져야 한다는 것이 나의 소신이고, 나는 그러한 방향으로 살아가려 많은 노력을 기울여왔다.

사실 요새도 양극화 문제가 사회 문제로 대두되었는데, 가난과 부의 문제는 참 복잡하고 미묘한 문제라서 명확하게 해결책을 제시하기가 쉽지 않다. 그러나 굳이 가진 자와 없는 자를 나누는 것부터 문제가 확대되는 것이 아닌가 생각한다. 자신감이 있는 사람은 설령 가진 게 없더라도 그 나름의 인생을 즐기며 살 수 있는 것이니, 굳이 부자만 해바라기처럼 바라보며 감 놔라 배 놔라 할 필요가 없을 것이다.

반대로, 어느 정도 경제적으로 윤택한 사람이라면 그러한 생활의 안정을 바탕으로 좀 더 가치 있고 심미적인 것에 많

은 할애를 하면서 사고의 폭을 넓히는 기회로 활용한다면,
물질과 정신이 조화를 이루는 아름다운 삶이 되지 않을까
생각한다.

7

● 큰 부자, 작은 부자

큰 부자와 작은 부자의 차이점은 무엇일까? 큰 부자가 작은 부자보다 머리가 더 좋을까? 아니면 큰 부자는 그만큼 더 많은 노력을 한 것일까? 맞을 수도 있으나 꼭 그런 이유만 있는 것은 아니라고 생각한다.

내가 생각할 때 우리가 큰 부자라고 부르는 사람들은 단순히 돈을 더 많이 벌기 위해 살아가지 않는 경향이 있는 것 같다. 내가 농부로서는 자수성가하여 꽤 성공한 축에 들기에, 많은 사람들이 어떻게 성공할 수 있었느냐고 질문을 던져오지만, 사실 나는 일부러 성공하려고 한 것도 아니고, 돈을 많이 벌어야겠다고 다짐한 것도 아니었다. 물론 젊은 시절 가난에서 하루라도 빨리 벗어나고 싶었던 건 맞지만, 꼭 돈을 벌어야겠다는 목표를 세우고 정진한 것은 아니었다는 것이다.

그렇다고 내가 큰 부자라는 의미로 이런 말을 하는 것은 아니고, 인생을 오직 돈을 벌기 위해 살지 말았으면 하는 말을 하기 위해 나의 경우를 예로 드는 것이다. 뭐든지 원칙과 원리가 중요하다. 돈은 생활을 위한 방편이지, 그것이 축재의 수단이 되면 안 된다.

훌륭한 낚시꾼들은 잡은 고기를 모두 놓아준다고 한다. 물론 낚시를 했으니 매운탕 정도는 끓여먹겠으나, 물고기를 바구니 가득 잡아서 여기저기 자랑하는 행동은 미숙하다고 보는 것이다. 낚시를 하는 동안 즐거웠으면 그것으로 그만이지, 굳이 많은 물고기를 집으로 가져갈 필요는 없는 것이다. 그것이 자연에 대한 도의라고 할 수 있을 것이다.

또 다른 예를 들어보자. 여럿이 도박을 하는데, 그저 즐기기 위해 도박을 하는 것이라면 아무 문제도 생기지 않을 것이다. 돈을 따건 잃건, 그것이 그리 큰 액수가 아니니 서로가 기분 좋게 게임을 하고 헤어질 수가 있을 것이다. 그런데 누군가 한 사람이 욕심을 부려서 돈벌이를 위한 수단으로 도박을 하게 되면 어떤 일이 벌어질까?

그 한 사람으로 인해 가벼운 취미 생활에 불과했던 도박이 죽기 살기의 생존 경쟁으로 변하게 될 것이다. 액수도 커져서 돈을 딴 사람은 큰 돈을 벌겠지만, 돈을 잃은 사람은 큰 피해를 입게 되지 않겠는가.

최근에 먼저 저 세상으로 간 친구 한 명은 인생의 말년에 참담한 경험을 하고 말았다. 자식들에게 유산 상속을 했는데, 그로 인하여 가족간의 우애가 깨지고 부모자식의 사이도 갈라지고 말았다는 것이다. 그는 내게 속사정을 털어놓으며 한탄의 눈물을 흘렸다.

만일 그에게 재산이라는 것이 없었다면 돈 때문에 분란은 생기지 않았을 것이니, 설령 가난하다고 하더라도 가족의 우애는 지킬 수 있었을 것이다. 평생 먹을 것 안 먹으며 성실하게 모은 돈을 자손들에게 기쁜 마음으로 분배를 해 주었는데, 오히려 그것이 화근이 되어 가족들 사이에 심한 분란이 생겼으니, 도대체 누구를 탓해야 하는 것인가.

나는 가난을 예찬하려는 건 아니다. 중요한 건 마음가짐이라는 말을 하고 싶은 것이다. 인생을 즐겁게 사는 것은 재산이 많고 적고 와는 상관이 없다. 인생 자체를 새로운 세계에 대한 도전이라고 생각하면 아무리 가진 것이 없어도 생각 자체가 진취적이 되니 행복한 인생이 될 것이다. 가난했을 때는 오순도순 우애 있던 가족들이 먹고 살만해지니 가족애가 깨는 경우는 흔하게 있는 일인데, 그러니 나이든 사람들은 없이 살던 시절이 더 행복했다고 곧잘 회고하게 되는 것이다.

큰 부자는 이러한 삶의 속성을 잘 알고 있기 때문에 무리해서까지 부를 축재하려 하지 않는다. 또한 돈 자체를 인생의 목적으로 보지 않고 그보다는 새로운 목표에 도전하여 성취하는 것을 중요하게 생각한다. 반대로 작은 부자는 수

단과 방법을 가리지 않고 오직 돈만 벌려하기 때문에 돈은
모을 수 있을지 몰라도 인생은 오히려 퇴행하는 결과를 초
래한다.

　독자 여러분도 작은 부자보다는 큰 부자가 되고 싶을 것
이다. 그러자면 세상을 넓게 보고, 작은 계산보다는 열정을
바탕으로 정직한 노력을 하라는 조언을 하고 싶다. 정직하
게 살면 당장은 손해를 보는 것처럼 보일지 모르지만 인생
의 어느 순간부터는 인생의 승자가 될 것이다.

8

● 창조적인 삶을 위하여

나는 마흔 이전까지만 하더라도 가난하고 평범한 농부 가운데 한 사람이었다. 그러다가 어느 시기부터 생활이 안정되어 현재에 이르렀다. 그런데 농촌에서 자수성가 하기란 하늘의 별따기 만큼이나 어려운 것이다. 나는 남들과 무엇이 다르기에 성공을 한 것일까?

나는 그 이유가 남들과는 다르게 생각하는 습관 때문이라고 생각한다. 한 마디로 표현하면 창의력이라는 것이다. 건답직파야 앞에서도 충분히 설명했기 때문에 더 설명이 필요 없고, 그 외에도 고구마나 수박 같은 것들은 내가 살던 지역에서는 재배하지 않는 종목이었다. 그런데 나는 그런 것을 잘 재배하면 될 것이라고 생각해서 시도를 했고, 보란 듯이 성공을 거두었다. 물론 내가 성공한 뒤에야 많은 사람들이 내가 했던 방법을 도입했지만, 그때는 이미 너무 많은 사람들이 손을 댔기 때문에 처음만큼 재미를 볼 수가 없었다.

또 농촌에서 농사일로 잔뼈가 굵었음에도 지식에 대한 목마름이 항상 있어서 오십 줄이 넘은 후에는 각계의 명망가들을 찾아다니며 지식을 쌓는 일에 심취했다. 아마도 나처럼 도전적으로 농사를 짓는 사람도 드물뿐더러, 농사로 성공한 후 역사와 철학에 경도되는 농부도 나 외에는 없을 것이라고 생각한다.

나는 사람의 창의력이 굉장히 중요하다는 걸 일찍부터 깨닫고 있었다. 성실이라거나, 노력 같은 덕목은 당연히 필요한 것이지만, 그것은 농사일을 하는 대부분의 사람들도 가지고 있는 것들이었다. 다만 나는 다른 사람들이 시도 하지 않은 것을 시도할 줄 알았기에 경제적인 안정을 이룰 수가 있었다고 생각한다.

대부분의 사람들은 인생에 장애가 닥치면 체념하고 받아들인다. 하지만 어떤 사람들은 인생의 장애를 어떻게든 극복하려고 노력해서 훌륭한 성과를 낸다. 비가 오면 그냥 비를 피하는 건 누구나 할 수 있는 행동이다. 그러나 비를 피하면서 활동을 하는 방법을 강구하다보니 우산이 발명된 것일 테고, 밤에는 캄캄해서 누구나가 아무 일도 못한다고 생각할 때, 밤에도 낮처럼 밝게 만들려는 노력을 해서 전구가 발명된 것일 게다.

그러니 창의력이라는 건 실생활과 밀접하게 관련이 있다

고 보아야 하는 것이다. 나이 들어 많은 지식인들을 만나고 다소 실망스러웠던 점이 있는데, 그것은 그들의 지식이라는 것이 실생활과 너무 동떨어져 있다는 것이었다. 물론 다 그렇다는 것은 아니지만, 많은 학자들이 그저 현상 유지에만 치우칠 뿐, 백성들에게 도움을 주는 사상을 창조하는 것에는 무척 게으르다고 보았다. 역사도 마찬가지고 철학도 마찬가지이다.

그래서야 세계를 지도하는 위대한 사상이 나오기는 어렵다고 보았다. 우리나라에 필요한 인재는 인류의 생활에 직접적인 도움을 주는 문명을 창조하는 사람이라고 생각한다. 과학이 될 수도 있고, 철학이 될 수도 있고, 혹은 예술이 될 수도 있을 것이다. 생활 속에 뿌리박은 창조가 진정한 창조라고 할 수 있는 것이다.

그러고 보면 창조력이란 별난 사람만 할 수 있는 일이 아니다. 누구나 할 수 있는데, 그러자면 살아가는 방식을 좀 바꾸어야 한다. 늘 해왔던 대로 하기보다는 더 나은 방법이 있는지를 고민하고, 여러 가지를 생각해서 알맞은 행동을 하게 되면 그것이 창조적인 인생이랄 수 있을 것이다.

창조적인 인생을 살게 되면 남과는 다른 즐거움을 느낄 테니 긍정적인 성격이 될 것이고, 남보다 더 나은 방법을 생각해낼 테니 돈도 많이 벌 수 있을 것이다. 남자라면 남과는 다르게 보이니, 여자들에게 인기도 끌 것이다. 창조적인 인생을 살면 이와 같이 여러모로 좋은 것이다.

나는 지금도 남 못지않게 창조적인 생각을 하며 지낸다. 단순히 새로운 것을 발명하는 차원이 아니라, 남과는 다른 기준으로 세상을 보고 사람을 보려한다. 그것이 매번 성공하는 건 아니지만, 설령 실패를 하더라도 좋은 경험이라고 생각해서 다음에는 실패의 경우를 차츰 줄여나가니, 언젠가는 내가 원하는 계획에 딱 맞아떨어지게 되리라는 걸 알고 있다. 창조력은 나를 가난에서 구원해준 구세주이며, 나를 늘 건강하게 살아가도록 만드는 고마운 존재이다.

9

● 돈을 쓰는 일도 어렵다.

　내가 살아온 날들을 돌이켜 볼 때 아쉬운 것도 많고, 후회되는 일도 있으나, 그래도 남에게 바라는 것 없이, 아쉬운 소리 안하고 가족들 부양하며 일가를 이룬 것에 대해 나름의 자부심을 갖고 있는 편이다.

　내가 가난한 삶도 나쁜 것만은 아니라고 몇 번 강조하기는 했으나, 그래도 한 세상 살면서 남 못지않게 살아야 함은 두 말 할 필요가 없을 것이다. 이렇게 돌아보니 그 당시는 잘 몰랐는데, 어쩌면 운이라는 게 있는지도 모르겠다는 생각을 한다. 일이 잘 풀릴 때는 주위 사람들도 좋은 사람들이었고, 실수라고 생각했던 일이 오히려 전화위복이 되는 경우도 있었다. 어찌됐건 사나이로서 이만하면 괜찮은 인생이었지 않나 생각하는데, 남들이 볼 때는 어떨지 모르겠다.

　사실 내가 일이 잘 풀렸을 때, 만일 더 큰 돈을 벌려고 했다면 충분히 그렇게 되었을 수도 있다고 생각한다. 그렇다고 일부러 돈 벌 기회를 포기한 건 아니었으나, 적당한 수준에서 관리하는 쪽으로 인생의 방향을 잡았다.

어릴 때 내가 살던 곳에도 한두 집 정도는 굉장한 부자였는데, 누구나가 그렇겠지만, 나 역시 그런 집에서 태어나 호의호식 하며 살고 싶었다. 하지만 어느 순간부터 그런 생각이 없어졌다. 물론 태어나면서부터 부자면 한 평생 편하게는 살겠지만, 인생의 여러 가지 어려움을 극복하고 차츰 부를 쌓아가는 인생이 더 즐겁고 가치가 있다고 생각하게 되었다.

그래서 나는 돈이 목적인 인생보다는, 자신이 원하는 것을 하나하나 추구해 나가면서 살아가는 과정을 살고 싶어 했던 것이다. 주식으로 대박을 친다거나, 혹은 로또에라도 당첨되어 벼락부자가 된 사람들 가운데는, 돈이 없던 때보다 더 불행해지는 경우도 있다고 한다. 그것은 자신의 힘으로, 자신이 원하는 것을 하나하나 소유한 것이 아니기 때문에, 부의 참된 의미를 모를 수밖에 없어서라고 생각한다.

인생의 멋은 열심히 돈을 벌어서 멋지게 쓰는 데 있는 것이다. 돈을 벌줄 아는 사람이 쓰기도 잘하는 것 같다. 정직하게 돈을 벌여야 한다는 이야기는 꽤 들어봤을 텐데, 돈을 쓰기도 잘해야 한다는 것에 대해서는 처음 듣는 사람이 있을 것이다. 돈을 잘 써야 한다고 해서 기분 내키는 대로 펑펑 쓰라는 말은 당연히 아니다. 졸부가 왜 졸부 소리를 듣는가? 가치 있는 것에는 인색하면서 남들이 좋은 거라고 하면 무턱대고 돈을 쓰니 앞에서는 온갖 아양을 떨지만 돌아서면 졸부라고 비하하는 것이다. 세상인심이라는 것이 그런 것이다.

돈을 멋지게 쓰려면 가치 있는 것이 무언지를 알아야 한다. 세상이 급변하니 좋은 물건, 좋은 구경 거리들이 쏟아져 나오는데, 그 가운데서 정말로 가치 있는 것이 어떤 것인지를 정확히 판별해내는 눈이 필요하다. 사람도 마찬가지다. 돈이 있으면 소위 인재라는 사람들이 투자 좀 해달라고 문정성시를 이룰 텐데, 그중에서 정말로 도와줘야 할 사람과 절대로 도와주면 안 될 사람을 가릴 수 있어야 한다.

그러니 도움을 못 받은 사람은 태도가 변할 텐데, 그런 것을 다반사로 겪으며 살아야하니, 사실 돈이 좀 있다고 하더라도 어떤 면에서는 피곤한 것이다. 그렇다고 나쁜 소리 듣기 싫어 이 사람 저 사람 다 도와주면 사람 좋다는 소리는 들을지 몰라도, 종당은 재산도 축날 뿐 아니라, 주위에 온갖 잡배들이 들끓게 될 수 있다.

잠깐 신문 기사를 읽어보니 복권에 당첨되어 큰돈을 거머쥔 미국의 교포가 선행을 하고 싶어 돈을 필요로 하는 여러 사람에게 희사를 했는데, 그것이 좋은 결과로 돌아오기는커녕, 자꾸만 돈을 요구하는 사람들이 늘어나고, 나중에는 돈을 내 놓지 않으면 야비한 협박과 비난을 퍼부었다는데, 그

마저 돈으로 무마하려다보니 나중에는 빈털터리가 되었을 뿐 아니라, 친한 친구하고도 의절하여 외로운 처지가 되어 버렸다고 한다. 씁쓸한 일화지만 독자들에게 재산 관리의 중요성을 상기시키기 위해 인용 하는 것이다.

돈을 잘 쓴다는 것은 이러한 여러 가지 세상사에서 마음도 다치지 않고, 남에게 참 멋진 부자라는 소리를 듣는 것인데, 역시 다양한 시행착오를 겪으면서 자신만의 주관이 성립되는 게 아닐까 한다. 나는 그래도 남보다는 나은 처지라는 생각에 꼭 필요한 일이라고 생각하면 몇 천 만원 정도는 선뜻 희사한 적이 많았는데, 그렇다고 해서 내 도움을 받은 사람들이 고마운 마음을 오래 간직하는 것 같지는 않았다. 물론 그것이 서운해서 이런 이야기를 하는 건 아닐뿐더러, 그렇게 희사를 한 것은 내가 나서지 않으면 일이 안 될 것이라는 생각에 그리 한 것이니 그것으로 그만이라고 생각하고 있다. 다만 돈을 쓴다는 것이 그리 단순한 일이 아니라는 걸 알려주기 위해 간략하나마 언급을 해 보는 것이다.

그런 측면에서 멋진 부자가 없다고 한탄하기 전에 선뜻 도움을 준 사람의 따뜻한 마음을 소중하게 생각하는 자세가 선행되어야 하지 않나 하는 생각도 하게 된다. 아무튼 돈이라는 건 벌기도 어렵지만 쓰는 일도 그에 못지않게 어려운 것 같다.

10

● 산지식의 중요성

　오십 줄에 들어서 노트 한 권만 달랑 들고 전국을 돌아다
니며 세상에 대한 공부를 하기 시작했다는 이야기는 이 책
의 도입부에서 설명한 적이 있다. 이것을 옛말로 운수행각
이라 한다. 그런데 평생을 농사만 짓던 나였기 때문에 지식
면에서 그들과 나는 하늘과 땅 만큼의 격차가 있었다. 그래
서 나는 항상 말석에 앉아 경청만 주로 했는데, 어느 정도
시간이 흐르니, 욕심이라는 게 생겨서 나도 나만의 사상과
역사관을 갖고 싶었다.

　그런 계기로 동북아재단에서 주최하는 역사 재단에 가입
해서 우리나라에서 가장 박학하다는 역사 학자들의 강의를
듣게 되었다. 21명의 박사들이 돌아가며 강의를 했는데, 촌
에서 농사를 짓던 사람은 나 한 사람 밖에는 없었다. 그런
데 내 신분이 유독 독특하다 보니 그들 눈에는 오히려 신선
하게 보였던 모양이다. 내가 내 직업과 살아온 과정을 설명

해 주면 이름난 학자들은 감탄을 했다.

"농촌에서 농사로 성공하셨다니, 선생님이야말로 살아 있는 지식을 체득하신 분이십니다."

물론 지금 생각해보면 농부임에도 기본적인 도의를 갖추고 있었기에 그런 배려를 받았던 게 아닌가 싶기도 하다. 내 자랑을 하려는 건 아니고, 사람이 직업과는 상관없이 어느 자리에서 건 대우를 좀 받으려면 기본적인 품성이 의젓해야 하고, 하는 행동이 경우에 맞아야 하는 게 아닌가 싶다.

아무튼 그런 이유로 내로라하는 박사들도 나를 무척 좋아했고, 내가 살아온 경험을 귀하게 경청해 주었다. 아마도 평생 공부만 해온 사람들이라서 흙 속에 묻혀 지내온 나의 삶에 조금 경도된 것도 같다.

그때는 제대로 이해를 못했는데, 살아오며 경험해 보니 역시 살아있는 산지식이 우리사회에 많이 부족하고, 그래서 꼭 필요하다는 걸 알게 되었다. 새가 공중을 자유로이 날 수 있는 이유는 날개가 양쪽에 하나씩 두 개 달려 있는 까닭이다. 한쪽 날개가 아무리 멋지더라도, 날개 한쪽만으로는 날 수가 없듯이, 아무리 공부를 많이 했더라도 산 경험이 없으면 불완전한 지식이라고 생각한다.

물론 그렇다고 지식이라는 게 전혀 쓸모없다는 이야기는 절대 아니고, 공부를 하더라도 현실과 균형을 맞추는 게 좋다는 뜻이다. 어떤 사람의 강의를 들으면 정말로 실감이 나고, 현실에 대입해 보더라도 금방 적용이 되는데 반해서, 어떤 사람의 강의는 너무 현실과 동떨어져 있어서 우선 재미가 없고, 살아가는 현실에도 아무 도움이 안 된다.

너무나 흔한 말이기는 하지만 '젊을 때의 고생은 사서라도 하라' 는 선현들의 말이 있다. 그렇다고 일부러 고생을 하라는 의미는 아닌 것 같고, 젊은 시절 한 때의 고생은 나중에 돈 주고도 할 수 없는 귀한 재산이 된다는 뜻일 게다.

나 역시 인생의 중반 이후 크게 모나지 않고, 크게 좌절하거나 낭패를 보지 않았던 이유를 꼽으라고 한다면 40세 이전에 가파르고 힘든 인생을 살면서 체험한 것들 때문이 아닌가 생각한다. 어려서부터 가난을 벗어나기 위해 많은 어려움을 겪다보니, 어지간한 어려움에는 크게 걱정하지 않는 배포가 생겼고, 사람들 가운데서 내게 안 좋은 영향을 줄 가능성이 있는 사람도 선별하여 화를 피할 수도 있었다.

이런 것은 경험을 해 보지 않으면 도무지 알 수 없는 것이니, 내겐 가난한 환경이 오히려 큰 재산이라고 말 할 수 있는 것이다. 이렇게 말하면 가난하고 어려운 환경만이 능사라는 말처럼 들릴 수도 있을 텐데, 그런 의미가 아니고, 만일 독자들 가운데 환경이 어려운 사람이 있더라도 가급적이면 긍정적으로 생각하기를 바란다는 뜻이다.

책을 통해 선인들의 가르침을 배우는 것은 당연히 해야

할 일이고, 그것과 아울러서 배운 것을 현실에 대입해보면, 훨씬 더 잘 이해가 되지 않겠는가. 그것이야말로 산지식이 되는 것이니, 지금은 힘들지 몰라도 훗날에는 남들보다 훨씬 빨리 수준 높은 경지에 도달할 수 있으리라고 생각한다.

11

● 음과 양의 조화가 중요하다

이야기가 너무 딱딱하게만 흘러가는 듯해서 좀 가볍고 재미있을 법한 이야기를 하나 해 보겠다. 남자 고등학교라거나, 군대 같은 곳은 남자들만 있는 집단인데, 그런 곳은 늘 긴장이 조성되어있고, 툭하면 다툼이 일어난다. 왜 그런가?

남자들만 있으니 음양의 조화가 이루어지지를 않았기 때문이다. 음과 양의 철학은 동양의 전통사랑이다. 음양의 조화가 중요하다는 이야기는 많이 들어보았을 텐데, 그것이 실생활에서 어떻게 적용되는지를 잘 아는 사람은 얼마 없을 것이다.

음양은 남자와 여자로 바꾸어 말 할 수도 있다. 한자의 좋아할 호(好)라는 글자를 살펴보면 남자와 여자가 나란히 붙어 있는 형상이다. 참 정곡을 찌른 것이다. 남녀가 만나면 무슨 고차원의 이론이 있는 것이 아니라, 그냥 좋다는 것이다.

그런데 남자와 여자의 역할은 상당히 다르다고 본다. 현대 여성론자들이 들으면 쌍심지를 켜고 항변할지도 모르나, 본래가 태어나기를 남녀가 다르게 태어난 것이니, 그것을 가지고 토론을 해 보아야 다 무익한 것이 아닌가 한다.

남녀의 역할이 다르다고 여성을 천대 시 해야 한다는 말은 절대로 아니다. 삶의 방식도 다르고, 지향 하는 바도 전혀 다른 것인데, 이것을 구태여 따질 필요는 없지 않겠는가. 물론 현대 여성들 가운데는 남자보다 사회적으로 더 크게 성공한 경우도 있으니, 과거처럼 여자는 집에서 살림만 해야 한다는 건 아니다. 다만 양의 성질이라는 게 원래 치솟고, 지배하고 밀고 나가려는 것인데, 이것만으로는 반쪽밖에는 안 되니, 그래서 음의 기운이 필요하다는 것이다.

100미터 달리기 선수를 예를 들어보자. 출발선에 대기하고 있다가 신호가 울리면 총알같이 달려 나가 최대한 속도를 높여야 하는 것이 100미터 달리기를 하는 선수의 일이다. 그런데 아무 것도 없는 허허벌판에서 달려봐야 알아주는 사람이 없으니 아무 소용이 없다. 경기장이 있고 관중이 있고 텔레비전에서 중계도 해 주니, 그것 때문이라도 더 빨리 달려 기록을 높이는 것이다.

반대로 아무리 좋은 경기장에 수많은 관람객이 모여 있더라도 잘 달리는 선수가 없다면 무용지물이다. 음이라는 것은 이와 같이 인생의 배경이 되어주는 것이랄 수 있고, 양이라는 것은 그 배경을 지배하는 존재랄 수 있는 것이다.
이 둘은 대립적이기도 하고 상호보완적이기도 하다.

어떤 사람은 자신은 능력이 있는데, 세상이 알아주지 않는다면서 세상을 등지고 살기도 하는데, 이 사람이 한탄 하는 세상이라는 게 바로 음이라는 것이다. 더 솔직히 표현하면 여자들이 자기를 알아주지 않는다는 것이 아니겠는가. 또 다르게 표현하자면 그림을 그리는 화가가 양이라면, 음은 종이가 되는 것이다.

남자가 외부 활동을 하며 열심히 돈을 벌어 집으로 가져오는데, 아내가 그 돈으로 집안도 꾸미고 자식들도 잘 키우면 음양이 잘 조화를 이루는 것이다. 물론 요새는 여자들도 사회활동을 많이 하기는 하는데, 그것도 크게 다르지 않다. 여자들이 하는 사회생활의 대부분은 남자 중심의 사회에서 부족한 음의 역할을 맡고 있다고 볼 수도 있지 않을까 한다. 여성의 사회 활동에 대해 많은 것을 아는 건 아니나, 이치상으로 그러하니 십중팔구는 들어맞지 않겠나 싶다.

사람이 아무리 성실하고 이상이 고고하더라도 그것을 받는 쪽이 없으면 공허한 것이라고 생각한다. 플러스가 있으면 마이너스도 있어야 하고, 높은 곳이 있으면 낮은 곳도 있어야 한다. 예부터 남자를 하늘이라고 했고 여성을 땅이라고 했는데, 이 말을 굳이 부정적으로 해석해서 여성을 천대한 것이라고 반발한다면 크게 오해를 한 것이다. 땅이 있으니 하늘이 있는 것이고, 하늘이 있으니 땅이 있는 것이다. 어느 쪽이 우월한 것이 아니라는 말이다.

하늘을 보라. 얼마나 변화무쌍한가. 맑았다가 흐리고, 폭우도 쏟아지고, 천둥번개도 친다. 반면에 땅은 고요하다. 물론 땅도 천재지변을 일으키기는 하나, 하늘에 비하면 아무 것도 아니다. 변화무쌍한 하늘의 기운을 다스릴 수 있는 것은 고요한 땅의 힘이다. 하늘의 기운과 땅의 기운이 만나서 대변화를 일이키는 것이니, 이것이 예부터 구전되어 내려온 개벽 사상이라는 것이다.

남자가 어떤 여성에게 반하는가. 다소곳하고 수수한 여성에게 끌리지 않는가. 반대로 어떤 남성이 멋진 남성인가. 변화를 주도하고 과단성이 있으며 새로움을 주는 남성이 여자들이 바라는 남성이 아니겠는가.

이런 말들이 어떤 사람들에게는 낯 설게 느껴질지도 모르겠다. 이러한 동양철학은 한민족의 선조인 태호복희가 이미 수 천 년 전에 완성해 놓은 이론이다. 서구의 과학 문명이 남녀의 차이에 대해 갖가지 분석을 내 놓았으나, 수 천 년 전에 만들어진 음양이론보다 더 명쾌하다는 생각은 안 든다.

동양의 음양이론을 재밌게 설명하려고 나 나름의 생각을 적었는데, 독자들이 어떻게 받아들일지 모르겠다.

12

● 혼탁한 시대를 이겨내야 한다

세상이 혼탁하니 사람 사이에 불신풍조가 널리 퍼져 있는데, 사실 나도 사람을 덥석 믿었다가 나중에 전혀 다른 모습에 실망하는 경험이 쌓이다보니 누구에게나 마음을 열고 지내기란 어려운 일이라는 걸 알게 되었다. 처음의 좋은 인상을 오래도록 지키고 간직하는 사람이 참 드물다는 생각이 든다.

그럼에도 여러 곳을 다니며 지금의 사회 모습과는 전혀 다른 좋은 분들을 만나게 된 것을 다행으로 생각하고 있다. 특히 지방의 여러 곳을 다니다 보면 소박하고 빈한히 지내면서 전통 학문의 맥을 잇고 있는 분들을 꽤 만났는데, 그분들은 사회가 혼탁함에도 지조 있는 선비처럼 절개를 지키며 살고 있었다.

이름 하여 지역의 유지분들이신데, 그중에 경기도에 사는 김 모 씨는 단군 성전을 지어놓고, 누가 알아주지도 않음에도 우리나라의 시조를 극진히 모시고 있음에 큰 감복을 했다. 그의 정성이 구전으로 알려져 우리나라에서 내로라하는 지도층들이 성진 순례라도 하듯이 그가 운영하는 성전을 방문하게 되었다. 나도 그로 인하여 역사 인식이 두터워졌고, 대법관을 지낸 분을 비롯한 각계각층의 지도급 인사들과 교류를 할 수 있게 되었다. 그 외에도 수원 지법의 판사로 일했던 박 모 씨도 내게 좋은 인상으로 남아있다. 그분이 도학에 대해 쓴 책을 읽고 그 깊이에 깊은 감명을 받은 바 있었다.

또한 군사 평론가로 널리 알려진 지 모 씨도 참 생각이 바르고 합리적인 분이다. 잠자코 있었으면 장관 정도는 어렵지 않게 할 수 있었을 사람인데, 시류에 영합하지 않은 직언을 많이 해서 야인으로 살아감이 참 통탄할 일이다.

사실 사람인이상 성직자처럼 늘 봉사만 하며 살 수는 없고, 또 그것을 남에게 바라는 것도 잘못되었다고 생각한다. 내가 생각하는 이 시대의 좋은 사람이란, 생각이 꼬이거나 꺾이지 않은 사람이다. 말로는 참 쉬운 일 같다. 공자가 말하기를 '틀린 것은 틀렸다 하고, 옳은 것은 옳다고 하라'라고 했는데, 이 단순한 태도가 사실 쉽지 않고, 그것을 일관성 있게 지키며 사는 사람도 흔하지 않다.

나는 사람의 이런저런 허물에 대해 구태여 꼬집어 내는 것을 그리 좋아하지 않는데, 사람인 이상 실수는 할 수 있겠으나, 이렇게 저렇게 생각이 비틀려 있고, 생각하는 방식이 좁고 기교가 많으면 상대하기가 참 힘들다.

사회의 불신풍조라는 것도 다 이런 사람들이 어질러놓은 것이니, 애꿎은 선량한 사람들까지 도매금으로 불신 받기에 이른 것이다. 다양한 경험이 있으면 대충 교류를 해서는 안 될 사람을 선별할 수 있지만, 그렇지 못하면 몇 번이나 낭패를 보게 되니, 아무리 좋은 사람이라도 매정해지고, 냉담해지지 않을 수가 없는 것이다.

그러니 위에 언급한 점잖은 분들도 입지가 조금씩 작아져서 확실히 안심이 되는 사람들 하고만 모임을 갖게 되는 경향이 있지 않나 싶다. 어떤 사람들은 이런 것을 차별이라 하여 항변한다는데, 지위고하가 문제가 아니라 사람의 생각에 기교가 많고 음흉하여 상대하면 심신이 피로해지니 회피하는 것이지, 그 사람의 재산이나 직위로 차별을 하는 것이 아님을 알아야 한다.

좌경 이념을 가진 사람을 우리가 빨갱이라고 비난하는 이유가 단순히 그들과 이념이 다르기 때문만은 아니다. 그들의 사고가 매우 복잡하고 기교가 치밀해서 흑백이 명확히 가려지지 않을뿐더러, 한 번 술수에 말려들면 헤어 나오기가 보통 어려운 일이 아니라는 걸 경험으로 잘 알고 있는 까닭이다.

마르크스의 이론이라는 것이 19세기의 서양에서 출현한

것인데, 공산화된 러시아의 경우는 자본주의와 아무 상관없는 봉건제 국가였고, 중국도 마찬가지고, 북한도 비슷하다. 자본주의를 타파하자고 만든 마르크스 이론이 가장 자본주의적이었던 서유럽에서는 성공하지 못했고, 유언비어에 취약하고 민심의 변화에 능동적이지 못했던 봉건제 국가에서만 성공했던 것은 시사하는 바가 크다고 하겠다.

인간관계에서도 마찬가지다. 도시에서는 어지간한 술수가 통하지 않으니 한학을 공부하고 도학을 공부하는 점잖은 분들을 대상으로 술수를 부리는 경우도 많았다. 이렇게 저렇게 마음을 다치고 세상에 등 돌리고 조용히 사는 분들의 노여움은 말로 다 표현을 하지 못할 정도이다. 지금이라도 하나하나 바로잡히게 될 것인데, 시대가 정역의 시대로 변하니, 아무리 막으려 해도, 시대의 근본적인 변화를 막을 수는 없을 것이라고 본다.

13

● 길이 아니면 가지를 말라

촌에서 농사만 짓다가 처음 세상 구경을 하고자 찾아간 곳이 명동 성당 근처의 철학 학원이었는데, 그곳에서 지식의 기틀을 쌓았고, 각계각층의 여러 사람과 교류할 수 있었기에 뜻깊은 곳이었음은 분명했으나, 학원을 운영하는 김모 씨가 돈과 관련된 추문으로 구속까지 당하게 되어 더 눌러 있을 수가 없었다. 내막은 잘 모르나, 사람 사이에는 신의라는 것이 중요한 것인데, 돈 문제로 구속까지 되었다면 인간됨에도 문제가 있음이 분명하다는 생각에 내가 있을 곳이 아니라는 생각에 출입을 삼간 것이다.

그래도 지식에 대한 목마름이 강하게 있었는데, 수원 신문 대표로 있는 이 모 씨가 한학에 조예가 있음을 알고 그와 친하게 지내기 시작했다. 이 사람은 나보다 10년이 아래인데, 처음에는 지식의 깊이가 나와 별 차이가 없었으나, 본인에게는 좀 미안한 이야기가 되겠으나, 현재는 내가 좀 앞서지 않나 생각하고 있다. 그분이 이 글을 읽으면 기분이 안 좋을지도 모르겠는데, 내 생각이 그렇다는 것이니 오해는 없었으면 좋겠다.

아무튼 이 모 씨는 내게 많은 도움을 준 분이었고, 인간적으로도 막역해서 지금도 간간히 전화 통화를 하고, 가끔은 함께 지방도 다니고는 한다. 그로 인하여 많은 사람들과 교류하게 되었는데, 사람의 본성 가운데 하나가 새로운 사람을 만나는 일이니, 늘 기쁜 마음으로 교류를 하게 되었다.

그들과의 만남을 통해 학식을 교류한 것이 내 인생을 성장시킨 자양분이었다. 나는 그러한 과정을 통해 우리나라의 알려지지 않은 역사에 눈을 떴으며, 사람이 살아가는 근본적인 이유에 대해 생각도 하고, 또 나만의 철학도 가지게 되었다.

사람이 혼자 할 수 있는 일에는 한계가 있기 마련이고, 또 아무래도 다른 사람의 생각을 들어보면 배우는 것도 있을 것이기 때문에 사람을 만나는 일은 중요하다고 생각하고 있다. 사람의 인생이란 결국 누구를 만나느냐에 따라서 가치관이 변할 수 있고, 또 그것으로 인해 삶의 방향이 결정되어지기도 한다고 본다.

나는 젊은 시절에는 촌에서 농사만 지었기 때문에 나의 사고도 그것을 벗어날 수가 없었다. 나중에 성공하여 가난에서 벗어나 가족을 부양하고 자식들을 모두 출가 시키고 나니, 시간적 여유가 생겼는데, 그러고 보니 내가 살아온 날들에 대한 회한이 좀 생기기 시작했다.

나는 물론 누구 못지 않게 양심적이고 성실하게 살아온 건 맞지만, 그래도 사람이 한 평생 사는 것인데, 그냥 이렇게 일만 하다가 죽는구나하고 생각하니 억울한 생각도 들었다. 그래서 그때부터 전국을 다니며 사람들을 만나기 시작한 것이다. 물론 여러 사람을 만나다보니 개중에는 처음부터 교류를 하지 않았으면 더 좋았을 것 같은 사람도 있었고, 굳이 힘들여 만날 필요가 없었던 사람도 있기는 했으나, 그래도 그러한 만남을 통해 다양한 지식을 쌓을 수 있었고, 이 사회가 어떻게 돌아가는지도 이해를 하게 되었다.

그렇다고 해서 온전히 남의 지식만 흡수한 것은 아니었다. 몇 번 언급한 내용이지만, 내게는 다른 지도층들에게 없는 것이 하나 있었는데, 그것은 농부로 자수성가하며 체득한 산지식이었다. 농사일이라는 것이 자연의 순환과 밀접하게 관련 있는 일이기에, 내가 비록 책에서 배운 것은 적다고 하더라도, 자연의 이치에 대해서는 몸으로 체득을 하고 있었다. 그랬기 때문에 다른 지식인들이 하는 말을 들으면, 그것이 자연의 이치에 맞는 것인지, 그렇지 않은지를 잘 분별해 낼 수 있었다.

어찌 보면 나는 순전히 감으로 공부를 하고, 감으로 사람을 선별했던 게 아닌가 싶다. 요즘 사람들은 대체로 꼼꼼하게 서류도 검토하고 경력도 검토해서 사람을 선택하는 모양인데, 그것이 잘못되었다는 건 아니지만, 나는 내가 살아오면서 체득한 경험으로 살아가고 있음에도 크게 화를 당하지 않은 걸 보면, 역시 믿을 건 사람을 보는 안목이라고 생각하게 되었다.

　서구의 영향으로 사람은 모두가 평등하다는 가치관이 널리 퍼져 있는데, 그것은 당연한 말이기는 하나, 돈이나 직위와는 관계없이 사람이 사는 세상에는 보이지 않는 계급이 있지 않나 하는 생각을 자연스럽게 하게 되었다. 이런 말이 독자들에게 반발심을 불러일으킬지도 모르겠으나, 옛 선현들이 '길이 아니면 가지를 말라'라고 했듯이, 사람은 결코 똑같지 않으므로, 첫 만남에서 아니다 라는 생각이 들면, 처음부터 인연을 만들지 않는 것이 나중을 위해 바람직하다고 생각한다.

　사람과 사람 사이의 인연이란 매우 중요해서 삶의 방향이 결정되어지는 것인데, 만일 잘못된 방향으로 인도 하는 사람을 만나게 되면, 인생 자체가 암울하게 변할 수 있고, 그러한 예도 수없이 많다는 걸 알리기 위해 조언을 하는 것이다. '길이 아니면 가지를 말라'라는 선현의 말씀은 참 실감나고 정확한 표현이라 늘 감탄한다. 트릭을 쓰는 사람이나 호기심이나 충동을 조장해서 일을 벌이려는 사람들은 끝끝

내 애를 먹이며 사람을 탈진 시킬 가능성이 높다는 것을 어느 정도 살아보면 이해를 하게 되는 것이니, '길이 아니면 가지 말라'는 말씀만 늘 마음속에 새기고 살면 큰 화는 피할 수 있을 것이라 생각한다.

14

● 정열로 살라

아프리카에서 공동체를 운영하고 있는 나한나 헤프리 여사는 삶 자체가 멋진 영화 한편이라고 할 수 있을 것 같다. 그녀는 흑인으로 태어나 서구 사회에서 온갖 차별을 겪었는데, 그것에 굴하지 않고 춤을 배워 성공했고, 그 후 현재 아프리카에서 차별 없고 경쟁 없는 공동체를 운영하고 있는 것이다.

요새 젊은 사람들을 보면 과거에 비해 똑똑해진 건 분명하나, 정열이 상당히 부족하다는 인상을 받았다. 나한나 헤프리 여사는 비록 흑인이고 여자임에도 남들은 시도조차 못하는 사업을 벌여서 지구촌에 큰 봉사를 하고 있는 것이다.

물론 모든 사람들이 훌륭한 위인이 될 수는 없겠으나, 이해타산만 따지는 사람들이 너무 많다보니 사회에 박력이 없는 것 아닌가 하는 생각을 하게 된다. 그렇다고 무조건 큰 일을 해야 한다거나, 혹은 큰 돈을 벌라는 말은 절대로 아니다.

　너무 이것 재고 저것 재는 인생을 살면 나중에 후회할 수 있다는 것이다. 인생은 즐거워야 한다고 본다. 그 즐거움이 많이 소유해서 느끼는 것이 아니고, 영혼이 원하는 인생을 살 때 느끼는 즐거움이어야 한다는 것이다. 나는 사후세계에 대해서는 아는 바가 없으나, 사람이 육체만으로는 살 수 없다는 것은 맞는 말이라고 생각한다.

　야구나 축구 같은 스포츠를 볼 때 수비를 완벽에 가깝게 잘하는 팀보다는 좀 실수가 있고 방어에 허술하더라도 공격력이 강한 팀이 더 인기를 끄는 것처럼, 사람도 자기 관리에만 치우치는 사람보다는 실수도 있고 시행착오가 있을지라도 도전적인 사람이 나중에는 성공을 더 많이 하지 않을까 싶은 생각을 한다.

　예술도 마찬가지다. 남이 해왔던 문학작품이나 영화는 늘 보던 것이니 별 감흥을 못 느끼는 데 반해서, 지금까지 없었던 새로운 추구를 하는 작가의 작품은 사람들에게 감동을 줄 것이다. 다른 분야도 다 마찬가지고, 사람 사는 것 자체가 마찬가지다.

　만일 나한나 헤프리 여사가 여느 사람과 똑같은 생각을 가졌다면, 흑인이라서 차별을 받았던 성장기에 대한 복수로 악착같이 돈을 모으고 성공을 해서, 종당에는 그녀도 남을 차별하는 이기적인 사람이 되었을 것이다. 하지만 그녀는 자신의 아픔을 예술로 승화 시키고, 종당에는 차별 없고 경쟁 없는 이상적인 공동체를 설립하기에 이르렀으니, 그 영혼의 순결함을 보통 사람의 상식으로는 헤아릴 수조차 없을 것이다.

그런데 훌륭한 봉사활동을 하는 몇몇 사람을 보고 대다수는 박수를 보내기는 하겠으나, 실제의 삶에 반영하는 경우는 드물지 않나 싶다. 그러면 소수의 사람들의 노력은 공염불이 되는 것인가. 내 생각에는 그렇지 않다고 생각한다. 남들이 하지 않는 일, 남들이 가지 않는 길을 가는 사람은, 그것이 남을 위한 것이라는 생각보다는 도전 그 자체를 즐기는 것이라고 생각한다.

여기서 인생의 관점이 달라지는 것이다. 어차피 한 평생인데, 기왕이면 용기를 내어 자신이 정말로 원하는 인생을 사는 사람과 그저 가진 것을 잃지 않으려고 아등바등 대는 사람의 삶이 같을 수는 없을 것이다. 고난을 이겨내고 자신이 원하는 것을 쟁취했을 때의 보람은 경험해 보지 않은 사람은 이해하기 어려울 것이라고 생각한다.

그러한 용기를 불러일으키는 힘은 삶의 정열이 아닐까. 스포츠의 예를 하나 더 들자면, 현재 우리나라의 국기인 태권도가 올림픽 종목에 채택되어 있는데, 몇 년 전의 올림픽에서 태권도 경기가 무척 재미가 없다는 이야기가 있었다. 나 역시 태권도 경기를 텔레비전으로 관람했는데, 선수들이 과감한 공격을 하기보다는 점수를 잃지 않으려고 너무 신경전만 벌이고 있었다.

물론 점수가 높아야 승리를 하게 되니 공격에 신중해질 수밖에는 없겠으나, 관람자 입장에서는 태권도 본래의 멋을 하나도 느낄 수 없는 경기가 되어 외면하게 되는 것이다. 그렇다고 무모하게 살라는 뜻이 아니고, 옳다라고 생각하는 일에 대해서는 과감해질 필요가 있다는 것이다. 아무리 작은 것이라고 하더라도 자신의 힘으로 얻은 것과 적당히 남들 비위나 맞추면서 얻은 것은 차원이 다르다.

나한나 헤프리 여사가 만든 공동체는 물론 아주 소규모이며, 먹을 것이나 생필품 같은 것도 빈약할 것이다. 하지만 그들이 얻은 자유는 억만금을 주고도 살 수가 없는 것이다. 비록 그들은 도시인들보다는 가난하지만, 그들의 마음은 억만장자보다 풍요로우리라 생각한다.

15

● 나는 천상 농부

예전에 텔레비전의 주말의 영화에서 본 영화 가운데는 이런 내용이 있었다. 한 남자가 현대 문명을 거부하고 가족들과 함께 원시의 밀림 속으로 들어가서 모든 것을 자급자족하며 살아간다는 것이다. 아쉽게도 그의 시도는 실패하는 것으로 영화는 끝이 났다. 감독은 도시의 현대 문명이 인간성을 오히려 파괴하는 것은 맞지만, 그래도 원시로 들어가서 자급자족하며 살기는 현실적으로 어렵지 않겠느냐는 메시지를 전달하려 했던 것 같다. 처음에는 그를 지지하던 가족들도 나중에는 그에게 등을 돌리고 외톨이가 된 주인공의 모습은 이 시대의 자화상을 보는 듯해서 마음이 씁쓸했다.

모든 것이 돈으로 거래되다보니 사소한 친절이나, 인간으로서의 당연한 도의도, 생기는 게 없으면 무시해 버리는 경우가 다반사이다. 물론 사람이 아무리 성인군자라고 하더라도 생활을 해야 하기 때문에 돈을 필요로 일을 하는 건 사실이지만, 그렇다고 하더라도 자로 잰 듯이 계산적으로 돈만 바라는 걸 너무 많이 목격하다보니, 나 역시 현대 사회를 훌쩍 벗어나 원시 사회에서 인생의 마지막을 보내고 싶다는 생각이 들기도 한다.

그런데 이 혼탁한 사회에서 그나마 좀 인간성을 지키며 살고 물질만능의 피해를 좀 덜 보고 살 수 있는 방법이 있다면 그것은 스스로 몸을 움직여 생활 하는 것이라고 생각한다. 그런 면에서 인생의 중반까지 농사를 지으며 많은 고생을 했던 게 내게는 인생의 큰 재산이 된 것 같다. 땅은 정직하다고 한다. 맞는 말이다. 사람은 못 믿어도 땅은 믿을 수가 있다. 땅은 내가 수고한 만큼 대가를 주니, 좀 고생스럽더라도 사람이 단순하고 순박해진다. 그런데 도시인들은 과연 이쪽이 베푸는 만큼 고마운 마음을 갖고, 그것을 오래 기억하는지 의문이 든다. 그래서 나는 사람보다 땅을 더 신뢰하고 있다.

사실 나는 몇 해 전부터 책을 좀 멀리 하고 있는 편이다. 나이가 드니 책을 읽는 일이 좀 피로를 주기도 하거니와, 대부분의 책이라는 것이 거기서 거기라는 생각이 들기도 해서이다. 반면에 산책을 하거나 카세트로 음악을 듣는 일은 자주 하는 편이다. 산책을 하며 자연 그대로를 느낄 수 있어서 좋다. 날씨가 화창한 날은 태양이 아직 건재함에 감사하고, 비가 오는 날은 사색할 여유를 주니 감사한다. 내가

228

천상 농부라서인지, 나 자신이 자연의 일부가 된 듯한 느낌마저 든다.

나는 위에 예를 든 영화의 주인공처럼 원시 밀림 속으로 들어가지는 않았으나, 사람들 속에서 그 나름의 살아가는 방법을 터득한 셈이다. 나의 근원은 누가 뭐래도 농부이다. 어린시절부터 지긋지긋하게 농사를 지었고, 그러한 삶과는 다른 인생에 대한 동경이 있어서 인생의 중반 이후 외지 사람들과 교류를 하기는 했으나, 그래도 내 마음속 한 가운데는 땅과 함께 살아온 농부의 천성이 그대로 자리를 잡고 있다.

그러니 그 영화의 주인공처럼 일부러 밀림 속으로 들어가지 않더라도, 나의 살아가는 방식은 여전히 농사를 짓는 농부와 크게 다르지가 않다. 사람을 보는 눈도 그러하고, 세상을 보는 눈도 그러하다. 땅이 왜 정직한가? 몸을 움직이지 않으면 아무 것도 얻을 수가 없기 때문이다. 씨를 뿌리지 않고 수확을 할 수 있는 방법은 없는 것이다.

그런데 도시인들은 씨를 뿌리지도 않고 수확을 하려하고, 기이하게도 실제로 그러한 것이 통용되기도 하니, 나로서는 참 이해할 수 없는 것이었다. 7월의 장마가 지나면 수확물이 일취월장하여 초록 바다를 이루는데, 그것을 바라보는 농부의 감격을 어찌 다 말로 표현할 수 있겠는가. 마치 내 자식이라도 바라보는 듯 한 것이다. 이런 것을 농부가 아닌 사람이 어찌 이해할 것이며, 내가 세상에 대해 느끼는 한탄을 어찌 다 이해할 것인가.

그런 심정이었기에 위에 언급한 영화의 주인공이 느끼는 고독감도 이해를 할 수 있었고, 또 그가 무엇 때문에 가족을 데리고 밀림으로 들어갔는지도 이해가 되었다. 땅이 정직하다고 했는데, 어디 정직한 것이 땅뿐인가. 하늘도 정직하고 날씨도 정직하고 계절도 정직하며, 그 외 나무와 풀과 강도 모두 정직한 것이다. 사람은 그것을 그대로 받아들이며 살면 되는 것인데, 그 단순한 이치가 세상에 적용이 되지 않으니 이리도 혼탁한 게 아니고 무엇인가.

옆 나라가 최근 대지진으로 참변을 겪었다는데, 물론 변을 당한 사람들에게는 위로를 해 주어야 겠으나, 멀리 보면, 자연의 인간에 대한 분노가 그리 표현된 것이라는 생각도 하게 된다. 자연은 순수하고 정직하지만, 한 번 노하면 아무리 과학이 발전해도 결코 재앙을 피할 수 없을 것이다. 나는 농부이기에 자연의 뜻을 잘 알고 있고, 그래서 지금의 위기 상황을 누구 한 사람에게라도 알리기 위해 이렇게 노력하고 있는 것이다.

16

● 잘 죽었다는 소리를 듣지 않으려면…

앞에서도 이야기 했지만, 나는 사람을 선별할 때 구태여 이모조모를 따진다거나, 뒷조사 같은 걸 일절 하지는 않는다. 또한 돈거래를 할 때도, 돈을 받았음을 확인하는 친필 확인서 한 장으로 간단하게 끝낸다. 때로 나의 이러한 태도를 어수룩한 것으로 보고 이용하려는 사람을 만나 낭패를 본적이 있기는 하나, 그래도 사람에 대해 이것저것 캐고, 뒷조사를 하는 것은 여전히 꺼려지게 된다.

동물들이 무리를 지어 다니는 것처럼, 사람도 통하는 사람과 통하지 않는 사람이 있다는 생각을 하게 되었다. 하나하나 따져서 명문화 시키지 않더라도 약속을 잘 지키고, 상대의 입장을 배려하는 사람이 있는가 하면, 도의적인 건 전혀 생각하지 않고, 그저 글자 하나하나를 따져서 자신에게 법적인 책임이 없으니 어떻게 행동해도 상관없다는 식의 사람도 만나게 된다.

세상에는 보이는 것보다 보이지 않는 질서가 더 엄격하다고 생각한다. 이를테면 부부사이에 꼭 상대방이 감시를 해야만 믿음이 가는 사이라면 평생이 감옥처럼 답답할 것이다. 반대로 사소한 실수는 있을지 몰라도 저 사람은 믿을 수 있다는 마음가짐으로 함께 산다면 진정한 부부애를 꽃피우며 죽을 때 까지 화합하며 살 수 있을 것이다.

　사회에서 만나는 사람과의 관계도 마찬가지고, 비즈니스 관계라고 하더라도 비슷하다고 본다. 아무리 적자생존 약육강식의 세상이라고 하더라도, 역시 돈보다 중요한 건 신의라고 생각한다. 사람 사이에 신의가 없어지면 동물과 무엇이 다른가. 상대방이 나를 철석같이 믿고 있는데, 나는 상대방을 이용할 생각만 하고 있다면, 종당에는 쓸모 있는 사람이 하나도 남지 않을 것이다.

　사람들은 가진 사람들이 인색하다는 불평만 많이 하는데, 그것도 내 생각에는 사람으로서의 신의가 없어지니 서로를 믿지 못하기 때문이 아닌가 한다. 가진 사람들 입장에서는 죽을 때 돈을 짊어지고 갈 것도 아닌데, 기왕이면 처지가 어려운 사람과 나누기를 원할 것이다. 그런데 그렇게 나누고 베풀었을 때 과연 그만큼 세상이 좋아지고, 혜택을 본 사람들이 감사한 마음을 오래 간직하고 있는지를 생각해 보면 문제가 어디 있는지 확연해진다.

　사람은 살아서보다 죽어서의 평가가 더 중요하다고 생각

한다. 살아있을 때는 이렇게 저렇게 이해관계가 있으니 그저 좋은 게 좋다는 식으로 대하겠으나, 사후에는 어차피 이 세상 사람이 아니니 속마음을 털어놓게 되는데, 어느 경우는 그놈 참 잘 죽었다는 식의 말도 듣는 사람이 있으니, 한 세상 살면서 마음 씀씀이를 잘해야 하는 것 아닌가 한다.

그런데 죽어서도 당대의 평가와 시간이 흐른 후의 평가가 또 달라진다. 당대에는 부정적인 사람으로 낙인이 찍히더라도, 시간이 한참 흐른 후에는 그 사람이 했던 일이 긴 안목에서 옳았다는 게 증명되어 평가가 좋아지는 경우도 있는 것 같다.

역사적인 인물도 그렇고, 보통 사람 사이에서도 그러하다. 엄한 아버지 때문에 기를 못 펴는 자식이라면 아버지가 살아있을 때는 원망이 마음속에 가득 차 있겠지만, 아버지가 돌아가시고 시간이 한참 지나면 그때 아버지가 엄하게 교육을 시켜, 그나마 사회에서 사람 구실을 하고 있다는 생각이 들기도 하는 것이다.

나중에 사람들이 어떻게 말을 하건, 그런 건 신경 쓸 필요가 없이, 그저 법망만 요리조리 피해 다니며 온갖 악질적인 행위를 다 하며 사는 사람이라면, 사후에 누구하나 그에 대해 좋게 말하지 않을 테니, 만일 사후세계 같은 게 있다면 귀신이 되어도 마음이 편치 못할 것이다.

만일 모든 사람이 도의와 신의를 귀하게 여긴다면, 굳이 형벌이 따로 존재할 필요도 없을 것이며, 사회가 이토록 꽉 막히고 각박하지도 않을 것인데, 이러한 전통이 이미 만 여 년 전의 선조들로부터 시작된 것이니, 오히려 원시 반 본 하여 태곳적으로 돌아가는 게 인간답게 살기에는 더 낫지 않은가 한다.

서구화되고 신식교육을 수 십 년간 받았음에도 사람의 의 식이 하나도 달라진 게 없다는 생각이 들어 한탄을 좀 해 보았다.

17

● 나의 결백한 성격

지금은 나이가드니 예전과 좀 다르지만, 과거 사회활동을 활발히 할 때의 나는 사리가 분명하고 어느 자리에서건 할 말은 하는 성격이었다. 정계에 진출하라는 제안도 꽤 받았는데, 나는 원래 남의 청탁을 받고, 또 남에게 아쉬운 소리를 하는 성미가 아니어서 고사했다. 그러자 일각에서 몇 억 정도 되는 큰 돈을 내밀며 필요한 일에 쓰라는 제안을 해 왔는데, 행여라도 나중에 문제가 될 수 있다는 생각에 사양을 했다. 사회라는 것이 다 주고받는 것인데, 그네들이 아무 이유 없이 돈을 내 줄 리는 없다고 생각했던 것이다.

명동 성당 근처의 철학하는 곳에 모인 사람들이나, 동북아 역사 재단에서 만난 사람들이나, 이렇게 저렇게 아는 것은 나보다 많다고 보았으나, 진취적인 기상이나 애국심 같은 것을 찾아볼 수가 없어 내가 쓴 소리도 많이 했다.

"여러분들은 우리나라의 지도층들이십니다. 30년 이상

교수 생활을 하시고, 공직 생활을 하셨는데, 어째서 대한민국의 기상을 살릴 수 있는 선도적인 역사관을 가진 분이 한 분도 안 계십니까."

그러면 그들은 쩔쩔 매며 슬슬 내 눈치를 보았다. 그도 그럴 것이 그네들 모두가 정부의 보조금에 얽매여 있고, 또 자신들이 소속된 단체를 위한 주장을 되풀이 하는 사람들이기 때문에 나처럼 당당하게 사실을 주장할 입장이 아니었던 것이다. 중국과 역사 문제로 대립되자, 중국 학자들과 한국 학자들이 만나서 세미나를 수없이 했다고 하는데, 그 자리에서는 우리 측의 주장이 반영된 듯 했지만, 나중에 보면 중국은 전과 하나도 다를 바 없는 왜곡된 주장을 되풀이하기 일쑤였다. 나는 도대체 왜 그런 무의미한 회의를 하기 위해 체류비를 낭비하는지 알 수가 없었다.

정부의 외곽 단체 대부분이 그런 식이었고, 김대중 정부 시절에 조직된 각종 위원회들도 다 마찬가지였다. 그들이 무슨 생산성 있는 사업을 하고 있는 것이 아니니, 오히려 정부의 정상적인 활동에 방해가 되고, 또 국민들의 피땀이 베어 있는 혈세를 낭비만 하고 있는 것이라는 생각이 들었다.

나는 비록 배움은 그네들보다 못하나, 어떤 것이 옳고, 또 사람이 어떻게 살아야 좋은지에 대해서만큼은 잘 알고 있었다. 내가 정치권 입문을 한사코 거절한 것도, 사실은 지금 시대가 너무 혼탁하여 바르게 내 주장을 펼 수 없으리라는 생각 때문이었다.

젊은 시절 내가 공산주의자들과 맞서서 지하 운동을 할 때도 나는 목숨을 내 걸고 했다. 누가 알아주건 아니건, 이 나라가 공산화되는 것을 어떻게 해서라도 막아야겠다는 신념 하나로 그리 싸운 것이다.

나는 사람의 살아온 방식이 중요하다고 생각한다. 늘 남에게 굽실거리고, 이것 재고 저것 재며 살아온 사람은 그리해야 밥이라도 먹고 말석이라도 하나 차지한다는 생각이 있어서 죽을 때 까지 삶의 방식을 바꾸지 못한다. 그러나 아무 것도 없는 상태에서 불굴의 의지로 어려움을 극복한 사람은 남이 어떻게 보건 내가 옳다고 믿으면 올곧게 그 길을 걷게 되는 것이다.

좀 극단적인 비유이기는 하나, 걸인이 왜 걸인인가. 사지가 멀쩡해도 남에게 얻어먹는 것만 해 오다보니 일을 하는 건 생각지도 못하고, 오직 구걸만 하게 되는 것이다. 자기 힘으로 벌어먹기가 싫으니 남에게 아쉬운 소리를 늘 하며 사는 사람은, 절대로 남의 도움에 대해 고마운 마음을 갖지 못하는데, 심보가 그러하니 늘 빌어먹고 살 수 밖에 없는 운명인 것이다.

그렇다고 매사에 고집만 부리며 살라는 말이 아니다. 어려울 때는 남의 도움을 받을 수도 있는 것인데, 도움 받고 사는 것 자체가 직업이다시피 해서는 안 된다는 뜻이다. 내가 도움을 받았으면, 훗날 잘 되서 나도 남을 돕겠다는 생각을 가져야 하는데, 대부분의 사람들이 남의 도움을 바라기만 하고, 잘된 사람더러 감 놔라 배 놔라 할뿐, 자기가 지금부터라도 남에게 도움이 되는 사람이 되려는 의지를 전혀 보이지 않으니 문제라는 것이다.

사람이 제대로 인생을 살려면 남의 의견을 경청할 줄 알아야 하고, 또 그것이 옳은 것인지 그른 것인지 판별을 해서, 만일 상대가 나보다 높은 역량을 가지고 있음을 안다면 응당 그를 받들어주고, 그의 뜻이 바르게 펼쳐질 수 있도록 조력해야 하는 것이다. 그런데 내가 세상구경을 하여보니 내가 맨발로라도 달려가서 모실만큼 인품과 역량을 두루 갖춘 인물이 드물어 답답했다.

사람이 발전을 하려면 사회에 공헌을 할만한 인물이라는 판단이 서면 주위에서 후원을 하고 도움을 주어야 나라가 잘살게 되는 것인데, 우리나라의 경우는 정반대로 남이 나보다 낫다 싶으면 외려 발목을 잡아 끌어내리려하고, 아무 의미도 없는 자기 고집들을 부려서 사람이 자기 뜻을 펼치기가 참 어려운 국민성을 지니고 있음이 사실이라 하겠다.

세상에는 산지식과 죽은 지식이 있으니, 나라에 보탬이 되는 것은 산지식인데, 돈과 권력만을 쫓아, 그들의 비위를 맞춰서 어떻게 출세 좀 해 보려는 죽은 지식이 횡행을 하니, 나라가 이토록 살기가 어렵고, 질서가 안 잡혀 있는 것 아니겠는가.

명문대 출신에다가 많은 돈을 들여서 외국유학까지 갔다 왔음에도, 올바르게 사는 것이 무엇인지를 모르고, 돈과 권력만을 쫓는다면, 외형적으로는 출세를 했다고 할지라도, 내면으로는 죽은 사람이나 마찬가지이니, 사실 어찌 보면 한없이 초라하고 불쌍한 사람들이라는 생각도 든다. 제발 좀 염치를 찾고, 각성들을 해 주었으면 좋겠다.

이렇게 쓰고 보니 내가 정말로 하려는 이야기가 무엇인지 좀 애매하다고 생각하는 사람도 있을 것 같고, 개중에는 내 뜻을 충분히 헤아리는 사람도 있을 것 같은 기대도 있는데, 적당히 알아서 이해를 해 주었으면 좋겠다.

18

● 나의 예술관

내가 머무는 사무실과 가까운 곳에 장안공원이 있다. 장안문을 찾는 방문객들을 위한 공원인데, 여느 곳 못지않게 잘 꾸며져 있어서 자주 방문하여 산책을 즐긴다. 이곳에는 흥미로운 볼거리가 하나 있다. 관광차를 특별 제작하여 장안 공원 일대를 관람 시켜주고 있는 것이다. 비교적 저렴한 차비를 내면 장안 공원 일대를 마음껏 감상할 수 있으니, 참 좋은 놀이시설이라는 생각이 든다.

그런데 매번 아쉬움이 느껴지기도 하는데, 그것은 이 관광차의 외양이 누가 보기에도 중국풍이라는 것을 한 눈에 알 수 있다는 점이다. 중국풍이 어떤 것이냐고 구체적으로 물어보면 딱 부러지게 대답을 할 수는 없으나, 용문양이라거나, 붉은색의 화려한 치장은 중국에 대한 지식이 부족한 사람이 보더라도 중국의 색채가 느껴지게 한다. 내 짐작으로는 아마도 이 관광차의 제작을 주도한 사람이 중국에서

본 것을 그대로 옮겨온 게 아닌가 한다.

중국풍이면 어떻고 일본풍이면 어떠냐고 의문을 가질 사람도 있겠는데, 우리 고궁이라면 우리나라 전통의 멋이 담기는 게 당연한 게 아닌가 한다. 또, 더 큰 문제는 이 관광차의 외양이 그냥 아무 생각 없이 보면 별 문제가 없는 것 같지만, 좀 심미적인 관점에서 보자면 아무런 특색도 없는 싸구려라는 인상이 강하게 느껴진다는 것이다. 중국에서도 본 것 같고, 홍콩에서도 본 것 같고, 태국에서도 본 것 같으니, 입장 수입은 거둘지 몰라도, 한국의 미를 알리는 효과는 빵점이라고 할 수 있을 것 같다.

내가 예술에 대해 문외한이라서인지, 일부러 영화를 찾아본다거나, 남보다 문학작품을 더 많이 보려고 노력한 것은 전혀 없다. 그렇다고 예술관이 전혀 없고, 아무래도 상관없다는 생각을 가진 건 아니다. 나의 생각으로는 주변의 모든 것이 예술이 될 수 있지 않나 한다.

공원의 풍경도 예술이고, 빌딩도 예술이고, 나아가서 논과 밭도 예술이고, 산과 강도 예술이라 생각한다. 그런데 근래의 건축물들을 보면 주변의 환경과 전혀 어울리지 않아서 만든 사람의 솜씨가 별 볼 일 없다는 생각이 들게 한다. 내가 거주하는 지역도 과거에 비하면 도시화가 많이 진행되어 잘살게 되었다는 인상은 분명히 있으나, 건축물들이 판에 박은 듯한 모양을 하고 있고, 사람의 심신에 좋은 영향을 주지 않는다는 생각이 강하게 들고는 한다.

좀 극단적인 입장에서 보자면, 이런 식으로 성의 없게 도시화를 진행시키느니, 차라리 자연 그대로를 가꾸고 좀 정돈하는 게 낫지 않을까 하는 생각도 든다. 선진국이 다 좋다는 건 아니나, 외국 여행을 할 때 선진국의 경우는 오히려 도시화가 덜 되고, 자연을 보존하면서 개발을 진행 시키는 경향이 있어서 매우 쾌적한 느낌을 주었다.

서울도 마찬가지고, 어디를 가 보아도 마찬가지다. 선진국처럼 매끄럽지도 못하면서 한국적인 미도 전혀 느낄 수 없으니, 국적불명의 도시라고 아니할 수가 없는 것이다.

예술이라는 것이 굳이 돈을 많이 들여야 하는 건 아니라고 본다. 위에서도 이야기 했지만, 농부가 열심히 일군 농토도 예술이 될 수가 있다. 그것을 어떻게 바라보느냐에 따라 달라지는 것이다. 농토에서 풍기는 두엄 냄새도 싫다고 생각하면 싫겠으나, 그것에서 푸근한 한국적 미를 발견하는 사람이라면 그 나름의 멋을 즐길 수가 있는 것이 아니겠는가.

그렇기에 나는 굳이 힘들여 예술 작품을 찾아보려 하지 않는다. 거리에 좌판을 깔고 앉아 채소를 파는 아주머니들의 활기찬 모습에서도 충분히 활기를 느끼는데, 구태여 다른 볼거리를 찾아 볼 필요가 없는 것 아니겠는가.

다만 전문가들에게 부탁하고 싶은 것이 있다면, 외국을

흉내 내어 화려하게만 꾸미려 하지 말라는 것이다. 화려한 유행을 따라 비싼 돈을 주고 산 옷은 몇 해가 지나면 촌스러워서 입을 수가 없게 된다. 반면에 평범하고 수수한 옷은 세월이 오래 지난 후에 입어도 그다지 어색하지가 않다.

나의 예술관도 그러하다. 우리나라 자연을 바탕으로 해야 한국의 미가 살아나고, 세월이 오래 흘러도 아름다움이 퇴색하지 않을 것이며, 한국을 찾는 외국인도 다른 나라에서는 볼 수 없는 한국만의 특색을 느낄 수가 있을 것이다.

19

● 살며, 사랑하며, 배우며

역사를 잘 모르는 사람이더라도 조광조라는 이름은 들은 적이 있을 것이다. 나도 그와 관련된 것을 학자처럼 잘 아는 것은 아니나, 유교를 숭상하여 이상 정치를 실현 하고자 하다가 실패하여 사약을 받고 죽었다는 사실은 잘 알고 있다.

조광조에 대해 후대에서 말하기를 반대파의 모함에 의해 죽었다고들 하는데, 나는 좀 생각이 다른 측면이 있다. 그가 학식은 나름대로 뛰어나고, 또 백성들을 위한 이상사회를 건설하려고 했다고 하는데, 문제는 그 방법이 잘못되지 않았나 하는 것이다.

기록에 의하면 조광조는 생각이 다르다하여, 왕이 잠이 들었을 때도 처소로 달려가 명령의 철회를 요구하였다고 하고, 또 그를 따르는 유림들 또한 도의에 어긋난다는 이유로 사사건건 왕에게 반기를 들었다고 하니, 아무리 후덕한 왕이라 한들 인간적으로 지겹지 않았을까 한다.

조광조가 죽게 되는 과정을 보면 이러한 나의 추정이 크게 틀리지 않은 듯 하다. 처음에는 귀양살이 정도의 처벌로 마무리하려하다가 나중에 사약을 내린 것을 보면 당시의 왕은 조광조를 두려워했던 것이 틀림없다 하겠다.

물론 충신이라면 왕이 잘못된 명령을 내릴 때 반대 의사를 표현할 수는 있겠으나, 문제는 그 정도가 지나치면 오히려 도의에 벗어난다는 것이다. 백성들에게도 인권이 있듯이 왕에게도 인권이라는 것이 있는 것인데, 너무나 엄격한 도덕률만을 강요하니, 아무리 학식 높은 신하라 하여도 내칠 수밖에 없었던 것이다.

반대파의 모함 때문에 죽었다고 하는 학자들은 최소한의 사실 확인을 외면하고, 그저 보기 좋게 꾸며서 이론을 만든 것이라고 생각한다. 조선왕조실록에는 조광조를 처벌하려는 왕에게 오히려 반대파들이 명분이 없다면서 철회할 것을 요구했다는 기록이 보인다. 마치 조광조는 정의의 사도이고, 나머지 신하들은 음모나 꾸미는 소인배였다는 듯이 평가하는 것은 텔레비전 드라마 수준의 설정 밖에는 안 되는 것이다.

한국의 근대사도 그렇고, 조선왕조도 그렇고, 우리의 역사가 순전히 음모로 점철되었으며, 악인이 선인을 억누르고 출세했다는 식의 이론이 횡횡하는 것은 큰 문제인 것 같다.

그건 그렇고, 내가 조광조의 예를 들면서 이야기 하려는 것은 너무 이론에만 치우치면 안 된다는 점이다. 당시의 왕도 처음에는 조광조를 높이 평가하여 그의 이론에 귀를 기울여 은사처럼 대했으나, 그 정도가 지나쳐 오만방자할 정도로 무례해지자 결단을 내린 것인데, 왕으로 서는 아무리 이론이 보기가 좋다하여도 그것을 따르는 일이 인간으로 서의 자연스러운 삶을 파괴한다고 생각하였던 것이라고 할 수 있을 것이다.

과거에 '살며, 사랑하며, 배우며'라는 외국 서적이 베스트셀러에 오른 일이 있었다. 나는 그 책을 미처 읽어보지는 않았으나, 제목은 참 마음에 들어 했다. 그렇다. 진정한 배움은 살면서 체득하는 지식이다. 아이작 뉴턴이라는 서양의 유명한 과학자도 사과나무에서 사과가 떨어지는 것을 보고 만유인력의 법칙을 창안했다고 하지 않는가. 무엇을 억지로 꾸며서 그것으로 세상과 인간을 재단하는 것은 바른 이론이 아니다.

다 알고서 사는 것이 아니라, 살아가면서 알게 되는 것이 순리이다. 그래서 사람은 마지막 순간까지 배운다는 말이 있는 것이다. 젊을 때는 젊을 때대로 배우는 게 있는 것이고, 나이 들어서는 나이가 들은 대로 배우는 것이 있는 것이다. 그것이 얼마나 자연스러운 인생의 법칙인가.

우리나라의 교육에 대해 말들이 많은데, 내가 볼 때 가장 근본적인 문제의 원인은 삶을 자연스럽게 체득할 수 있는 기회를 오히려 박탈하고 있는 점이랄 수 있다. 남보다 점수 얼마를 더 따야한다는 강박만 강요하니, 성인이 되어도 사람으로 서의 도의를 내팽개치게 되는 게 아닌가 하는 우려가 생긴다. 어디서부터 어떻게 바뀌야 좋을지 모르겠지만, 이대로는 안 된다는 생각이 드는데, 다만 시대가 좋은 방향으로 흘러가리라는 낙관은 있다.

20

● 인간성을 지키며 성공해야 한다

성공한 인생이란 무엇인가. 유년에는 좋은 부모 만나 호
강하고, 초년에 일찍 사회에 진출하여 자리를 잡고 좋은 배
우자 만나 중년이 되어 출세까지 하면 그야말로 성공한 인
생이랄 수 있을 것이다. 하지만 그렇게 사는 사람은 매우
드물고, 대부분의 사람들 인생이라는 것이 실패가 열이라면
성공은 한 둘도 되지 않지 않는가.

아무리 완벽하게 준비를 하고 이모저모를 다 생각해서 일
을 벌여도 전혀 예상하지 못했던 악재가 돌출해서 물거품이
되기도 하고, 혹은 시대가 외면하여 실패하기도 하고, 어느
경우는 지나친 확신이나 고집이 문제여서 실패하기도 한다.

나 역시 중년으로 접어들기 전까지 많은 실패를 했다. 물
론 나의 성격 자체가 좀 낙천적인 면이 있기에 없이 살면
그냥 그뿐이라 여기기는 했지만, 그래도 일이 뜻대로 안 될
때는 마음이 무거웠던 건 사실이다. 그런데 나는 실패라는

것을 그다지 나쁘게 생각하지 않고 있다. 실패의 경험이 없으면 인생의 절반밖에는 모르고 사는 것이다. 실패하여 인생의 맨 밑바닥까지 끌어내려지면 인생이 무엇이며, 세상인심이라는 것이 무엇인지를 뼈저리게 깨닫게 되는 측면이 있는 것이다.

우리나라의 사계절을 보라. 겨울이 있으니, 봄이 있는 것이고, 봄이 있는 것이니 여름이 있는 것이 아닌가. 마찬가지로 실패를 했으니 성공이라는 것이 있고, 그것이 값지게 느껴지는 것인데, 만일 태어나서부터 죽을 때까지 평이하게만 산다면 너무 인생이 무미건조해지지 않겠는가 하는 것이다.

내가 다른 장에서 인간이 신선 같은 마음가짐으로 살아야 한다고 했는데, 신선이 왜 신선인가. 호의호식하여 신선이 아니라, 인생의 갖은 고난을 기꺼이 받아들이고, 나아가서 그것을 즐거움으로 느끼는 단계에 이르러야 신선이라 하는 것이다.

지금은 작고한 유명한 코미디언이 이런 말을 하는 걸 들었다. 남을 한 번 웃기기 위해 본인은 수 백 번도 더 눈물을 흘린다고. 참 근사한 표현이라는 생각이 들었다. 수많은 인생의 고난을 온몸으로 겪으면서 남에게는 기쁨을 준다니, 얼마나 마음가짐이 아름다운가. 그 코미디언 역시 마흔 넘어 뒤늦게 큰 성공을 하였다하니, 그의 성공이 마치 나의 성공이라도 되는 듯이 반가웠다. 다만 앞으로 아까운 나이에 세상을 떠서 안타깝기는 했지만.

물론 실패를 거듭하다가 뒤늦게 성공한 사람은 수도 없이 많으나, 그분의 직업이 남을 웃기는 코미디언이라는 것 때문에 관심이 생겼더랬다. 말이 그렇지, 인생의 중반까지 무명 연예인으로 산다는 게 어디 쉬운 일이었겠는가. 내가 듣기로는 그 계통이 다른 계통보다 훨씬 더 양극화가 심해 무명이라면 제대로 사람대접 받기도 어려웠을 텐데, 그럼에도 불구하고 남을 즐겁게 하는 능력을 잃지 않은 것이 참으로 대단하다는 생각이 들었던 것이다.

어쩌면 실패와 고난의 경험으로 인해 코미디 연기에 남과는 다른 삶의 애환이 실릴 수 있었던 것이고, 바로 그 점이 그를 최고의 인기 코미디언으로 만들었던 것은 아닐까. 사람마다 가슴 아픈 사연은 다 있기 마련인데, 그것을 이겨내고 성공하는 사람은 드물지 않으나, 그럼에도 불구하고 남에게 기쁨을 주는 사람은 만나기가 참 어려운 세상이다. 고생을 하다보면 인생의 좋은 면을 다 잊어버리고, 성격 자체가 나쁘게 변하기 쉬운 세상이라 하는 말이다.

이제 내가 무슨 말을 하려는지 이해하겠는가. 설령 실패를 여러 번 했다고 하더라도 인간됨이 잘못되면 안 된다는 것이다. 인간으로서의 품성이 없어진다면 성공해도 소용없는 것이다. 인간성이 실종되었다면 성공을 하였더라도 반쪽짜리 성공밖에는 되지 않는 것이다. 진정한 성공이란 실패

의 아픔을 내면으로 승화하여 인생이 더욱 풍요로워지는 것
이다. 자식 가운데도 조금 열등한 자식이 있고, 조금 우수
한 자식이 있고 그런 법이다. 열등한 자식은 자기 자식이
아니란 말인가. 오히려 부족하니 더 애정이 가는 것이 사람
의 마음이다.

　인생도 마찬가지로, 성공의 경험도 있고, 실패의 경험도
있기 마련인데, 실패하여 고난에 처했던 과거를 없었던 것
으로 할 수는 없는 것이니, 그 조차도 자기 인생의 한 부분
으로 알고 받아들이는 자세를 가져야 값진 경험이 됨을 말
하고 싶은 것이다.

21

● 뭐든지 직접 하는 게 좋다

남을 지나치게 의심하는 게 좋은 건 아니라고 생각한다. 하지만 그렇다고 남에게 모든 걸 맡기고 마냥 기다리기만 하는 태도로는 좋은 결과를 맺기가 어렵다. 사람의 생각이라는 것이 다 다르기 때문에 나는 이런 걸 원한다고 이야기했어도, 상대방은 다르게 받아들일 수 있는 것이다. 또, 사람이라는 게 대부분 자기 위주로 살기 때문에 누군가가 감독을 하지 않으면 자신의 입장에서만 일처리를 하기 마련이다.

가장 좋은 방법은 어지간한 일은 자신이 직접 처리하는 습관을 기르는 것이다. 세상 경험이 너무 부족한 사람은 동사무소에서 서류 한 장 떼는 것도 힘들게 생각을 하고 부담을 느낀다. 이런 사람이 중책을 맡으면 아랫사람의 농간에 시달릴 가능성이 매우 높다. 특히 금전 거래 같은 것은 당사자와 직접 거래 하는 것이 화근을 막는 방법이 될 수 있다.

모든 면에서 자신이 직접 할 수 있는 일은 직접 하는 것이 좋다고 생각한다. 몸을 움직여 살아야 한다. 매스컴에 나오는 기사라는 것도 완전히 믿을 수는 없다고 생각한다. 매스컴을 보면 세상에는 온통 억울한 사람 투성이라도 되는 듯하지만, 그것은 같은 사건을 어떻게 보느냐에 따라서 달라지는 것이다. 유명한 공중파 방송국에서 정신이 약간 모자란 사람을 누군가 학대했다는 보도를 내보내서 전 국민이 공분한 적이 있는데, 나중에 밝혀진 바에 의하면 학대 같은 것은 전혀 없었고, 오히려 처지가 딱한 그를 보호하려다보니 오해가 생겼다는 것이다.

　그러니 할 수만 있다면 자신이 직접 눈으로 확인해 보아야 진실이 어떤지 알 수 있는 것이다. 무슨 말인지 이해하겠는가. 섣부르게 매스컴이나 책을 보고 판단을 하면 늘 잘못된 가치관이 생길 수가 있다. 매스컴의 성향이라는 것이 시청자들의 이목을 끌고 어떻게 해서라도 사회적 공분을 야기해야만 수익이 생기기 때문에 가장 자극적인 소재를 가장 자극적인 방법으로 보도하기 마련이라는 걸 알아야 한다.

　사실 내가 정말로 하려는 이야기의 요점은 세상에는 억울한 사람이라는 게 거의 없다는 것이다. 가난한 사람이 착취당한다는 것도 사실이 아니고, 누가 억울하게 감옥에 갔다는 것도 사실이 아니고, 누가 이유 없이 감금당했다는 식의 이야기도 사실이 아니며, 누가 공권력의 음모에 희생당했다는 식의 이야기도 모두 지어낸 것에 불과하다는 것이다.

예전에 어느 한국 영화를 보니 어느 가녀린 여자가 악질적인 남편을 살해하고 사형 선고를 받아 변호사와 사랑에 빠진다는 식으로 이야기가 진행되던데, 검사나 판사가 모두 바보가 아니라면 충분히 정상참작이 되어 선처를 받게 되는 것이지, 여자의 사정은 아랑곳하지 않고 사람을 죽였으니 무조건 사형을 선고한다는 것은 과거에도 없었고, 현대에는 더더욱 없는 것이다. 물론 영화이니 그렇게 스토리를 만들었겠지만, 그럼에도 내가 이 영화의 예를 드는 것은, 그러한 영화 같은 스토리가 사회에 너무나 널리 퍼져 있는 까닭이다.

그렇다고 세상이 법대로 흘러가고, 모든 일처리가 공평무사하게 이루어진다는 뜻으로 오해는 하지 말라는 것이다. 경찰이 시민을 폭행하는 일도 있기는 하다. 하지만 술에 취해 파출소에서 장시간 소리를 지르면 경찰이건 일반인이건 우발적으로 사람을 때릴 수 있는 것이다. 그런 정도는 상식적인 범위에서 일어나는 일이랄 수 있는 것이고, 또 그런 사건이 발생하면 공무원도 처벌을 받기 때문에 광범위하게 그런 일들이 퍼져 있다고 볼 수는 없는 것이다. 모든 공무원이 엄격하게 자기 직분에 최선을 다하고 있다는 것도 믿을 수 없는 말이기는 하나, 그래도 공공기관은 상벌이 엄격하기 때문에 일반 회사보다는 비교적 원칙에 충실하다는 의미로 이 말을 하는 것이다.

  그래서 자신이 직접 확인하고 체험해 보는 것이 살아가는 데 참 이롭다고 본다. 남의 이야기를 듣고는 알 수도 없고, 자칫하면 잘못된 정보에 빠질 수 있기 때문에 늘 주의해야 한다.

22

● 행복한 죽음

죽음에 대해 복잡하고 두렵게 생각하면 한이 없는 것인데, 반대로 쉽게 생각하면 그리 복잡할 것도 두려울 것도 없다고 본다. 사람이 하루를 잘 보내고 잠자리에 들면 편안히 잠들 수 있는 것처럼, 일생을 만족하게 살았다고 느끼면 죽는 것이 그다지 심각하게 받아들이지 않을 수 있는 것이다.

어릴 때 동네에 사람이 죽으면 떠들썩한 축제가 벌어졌다. 마을 사람들이 모두 모여 왁자지껄하게 떠드는 가운데, 유족들은 곡을 했다. 하지만 이제 생각해보니 곡을 한다는 것이 정말로 슬퍼서라기보다는 하나의 형식이었던 것인 게다. 누가 죽었다고 풀죽을 필요도 없고, 대부분의 경우 실제로 누가 죽는다고 해서 세상이 끝장날 정도로 슬퍼하지는 않는다.

사람 사는 세상에는 늘 누군가 태어나고, 누군가는 세상을 떠난다. 그러니 삶과 죽음이라는 것은 우리의 생활인 것이다. 앞에서도 밝힌 바 있지만, 나 역시 친구가 먼저 세상을 떠나면 오히려 무거운 짐을 벗어버린 것을 축하해주지, 죽은 친구를 불쌍하게는 생각하지 않는다.

나는 죽음에도 좋은 죽음과 나쁜 죽음이 있지 않나 그렇게 생각하고 있다. 좋은 죽음이라는 것은 마음에 한점의 미련도 남아 있지 않은 상태에서 세상과 이별을 고하는 것이고, 나쁜 죽음은 원한과 원망이 마음속 가득한 상태에서 이승에 미련을 두고 떠나는 것이랄 수 있을 것이다.

그러니 죽음이라는 것도 결국은 어떻게 살았는가에 따라서 달라지는 것인 듯 하다. 살다보면 좋은 인연만 만든다는 것이 좀처럼 쉬운 일이 아니다. 사람이 감정의 동물인 이상, 남을 원망할 수도 있는 것이고, 반대로 남으로부터 시기와 원망을 받을 수밖에 없기도 하다. 남에 대한 원망과 원한이 가득한 상태에서 죽음을 맞이하면 참 힘들 것이다. 차마 눈 감고 못 죽는다는 표현이 아마도 여기서 나왔을지도 모르겠다는 생각을 한다. 반대로 남의 분노와 원망 속에 떠난다면 아무리 배포 있는 사람이라고 하더라도 두려움에 젖을 것이니, 그 또한 나쁜 죽음이라고 할 수 있을 것이다.

나는 나이도 있고 하니, 앞으로 어떻게 살아갈 것인가를 고민하는 것은 적고, 어떻게 편안하게 떠날 것인가에 대해 보다 많이 생각하는 편이다. 그리고 내가 대략 정리한 것이 있다면 그것은 자연의 일부로 돌아가는 마음가짐을 지니는 것이다. 밤하늘을 올려다보면 온통 암흑천지가 아닌가. 그 무한한 공간으로 스며들어 아무 생각도 없는, 그러한 것이 바로 자연과 하나 되는 죽음이 아닌가, 그렇게 생각하고 있는 것이다. 이것은 결심이라기보다는, 나 자신의 정신과 몸이 점점 그러한 쪽으로 맞춰져 가고 있다는 느낌이 들고 있다.

내가 이 책에서 여러 번 힘들더라도 바르게 살기를 권하고 있는 이유도 사실은 인생의 마지막과 깊은 연관이 있는 것이라 하겠다. 옳은 길을 걸어왔다고 자신한다면 거리낄게 없으니 마음속에 한 점의 미련도 남지 않은 편안한 상태로 세상을 뜰 것이다. 사후세계라는 것이 있어도 그만이고 없어도 그만이니 죽음이 두려울 까닭이 없는 것이다.

그렇다고 무조건 남을 배려하고 용서만 하는 인생을 살아서는 안 된다. 그것은 자만심이 지나친 삶이다. 다른 사람을 공격하고 질타할 수도 있지만, 그 저변에 있는 것이 '옳음'이어야 한다는 뜻이다. 결국 바른 길을 걸어온 사람이라면 어떻게 살아도 주위에 좋은 영향을 미칠 것이니, 죽음 또한 편안히 받아들이면 되는 것이다.

반대로 늘 남에게 피해만 주고, 거짓말만 하고, 남을 속이며 살아온 사람의 죽음은 대체로 처절해질 수밖에 없다. 아마도 죽는 순간까지 이승에 대한 집착을 손안 가득 쥐고 있어서 죽음 또한 고통스러울 것이며, 만일 사후세계 같은 것이 있다면 사후에도 좋은 곳으로 가기 어려울 것이다.

이렇게 이야기하면 삶과 죽음이 다르지 않다는 나의 말을 이해할 수 있을 것이다. 사람은 누구나가 늙어가고 죽음을 맞이하는데, 그 과정에서 하나하나 버리고 가야 하는 것이 다 그런 이유 때문이다. 만일 증오가 있다면 그것을 풀고 가야 하고, 집착이 있다면 그것 역시 풀고 가야 하며, 시기심이 있다면, 그 마저도 풀고 가야 하는 것이다. 그리하여 아무 것도 없는 무의 상태에서 마지막을 맞는다면, 그 죽음은 참으로 고요하고 아름답지 않겠는가.

23

● 인생은 학교다

가난한 소작농의 맏이로 태어나 온갖 고생 다하다가 인생 중반에 좀 살만해지기 시작해, 자식들 공부 다 가르치고, 시집 장가보내 잘 살고 있으니, 어찌 보면 내 몫의 인생은 다 살았다고 봐도 과언은 아니다. 살아보니 돈 벌고 살림 늘리는 재미도 한 때고, 자식들이 어엿하게 자라 제몫을 다 하는 모습을 보는 즐거움도 다 한 때였다.

인생무상이라고까지 말 할 수는 없으나, 이제 여든이 넘어 돌아보니 사는 건 부처님 손바닥 위에서의 재주고, 인생의 즐거움이라는 것도 다 뜬구름 같은 것이 아닌가 한다. 내가 했던 일과 내가 했던 말들이 살아있는 사람들에게 무슨 좋은 영향이라도 주었는지는 모르겠지만, 이제 그것들이 나와는 아무 상관없는 먼 일이 된 듯이 느껴진다.

가끔 영화 필름처럼 까마득한 유년 시절이 잠깐잠깐 떠오르기도 한다. 춥고 배고팠던 시절에 고생했던 일, 어떻게 해서라도 공부에 매진하려고 안간힘 썼던 일, 친구들과 허물없이 즐거웠던 일……. 나이가 들면 남는 것은 추억뿐이라더니, 나 역시 아스라한 기억들만이 맴돌고 있다.

이제 돌아보니 사람의 일생은 여러 단계를 거치며 배우고 익히는 과정일지도 모른다는 생각이 든다. 초년은 초년대로, 청년기는 청년기대로, 노년기는 노년기대로 배우는 것이 다 있는 것이다. 인생의 막바지에 이른 지금 나도, 하루하루 깨닫는 바가 있는데, 그것은 젊은 시절에 생각했던 것과는 전혀 다른 것이니, 확실히 나는 지금도 성장하고 있지 않나 하는 생각을 하고 있는 것이다.

학교를 보면 1학년도 있고 2학년도 있고 6학년도 있다. 학년 마다 배우는 것이 다 다르다. 1학년 학생이 6학년 때의 것을 배우려고 하면, 배우기도 힘들뿐더러, 설령 배우더라도 제대로 이해를 하기가 어려울 것이다. 반대로 6학년 학생이 1학년 때 배워야 할 것을 배운다면 유치해서 재미가 없을 것이고, 또 이미 배운 것이기 때문에 낭비가 되는 셈이다.

인생도 이와 같다고 생각한다. 굳이 젊은층과 노년층을 나누는 것부터 잘못되었다고 생각한다. 젊은이는 젊은이대로의 삶의 방식이 있는 것이고, 노인은 노인대로의 방식이 있는 것인데, 단지 나이라는 하나의 기준만을 대입해서 사람을 나눌 필요는 없는 것이다. 젊은 시절에는 아무래도 건

강하고 활기차니 바쁘게 움직일 것이다. 무슨 아이디어가 떠오르면 당장 실천하고 싶어 조바심을 낼 것이며, 가급적 사색하는 것보다는 실천하는 것에 더 많은 시간을 할애할 것이다.

중년이 되면 젊은 시절의 경험이 쌓여서 사색과 실천의 균형으로 성공 가능성이 높을 것이다. 현실적으로도 사회에서 가장 경제적으로 안정된 계층은 역시 중년층이라는 통계도 있다. 좀 재밌는 비유를 하자면, 중년 남자가 여자와 연애도 잘한다는 말이 있다. 다양한 시행착오를 겪다보니 모든 면에서 완숙해진 것이다.

그렇다면 노년은 어떠한가? 우선 나이가 들면 바쁘게 움직일 수가 없다. 또 하루에 여러 가지 일을 처리할 수가 없으니 생활이 단순해진다. 또 사회의 치열한 경쟁에서는 살아남기도 어렵고, 또 구태여 그런 것을 바라지도 않게 된다. 대신 조용히 사색하는 시간을 많이 갖고 싶어 한다. 공원에서 휴식하는 사람을 보면 노인의 수가 굉장히 많다. 노인은 청년기와 중년기를 이미 다 지난 사람이기 때문에 성공이라거나, 돈이라거나 하는 것을 소유하겠다는 욕구가 거의 없는 편이랄 수 있다. 모든 여건이 배우기 좋은 때이다.

하지만 책 같은 걸 보면서 하는 공부를 하기는 어렵다. 대신 지난날을 곱씹어보면서 인생에 대한 공부를 하는 시간이다. 마치 잠들기 전에 책상 앞에 앉아 하루를 돌아보는

것처럼, 느긋하게 살아온 날을 되돌아보며 마음의 정리를
해 나간다. 노인은 대체로 고독하다지만, 그것도 사람마다
다르다. 내 경우는 찾는 이가 없으니, 오히려 홀가분하다.
노인이 되면 사람이 사람을 찾는 이유가 다 현실적인 이유
때문이라는 것도 깨닫기 마련이니, 있는 그대로의 자기 자
신을 받아들이게 된다.

그러니 어리고, 젊고, 늙고 하는 것들은 따로따로가 아니
라, 사람이면 누구나 겪는 과정이며, 그 단계 마다 다 삶의
방식이 다르고, 배우는 것도 다르다는 것을 잘 알고 있어야
할 것이다.

24

● 무소유보다는 적은 소유의 삶을…

얼마 전 무소유의 삶을 살았던 노스님이 돌아가셨다. 나는 불교도는 아니지만 무소유라는 것을 평생 실천하며 살아온 분이라니, 저절로 고개가 숙여지는 듯 하다. 그런데 내가 아직 미천하여 그런지는 모르겠으나, 보통 사람의 실천을 위한다면 무소유보다는 적은 소유를 권장하는 것이 더 바람직하지 않은가 그리 생각하고 있다.

종교인이 아닌 이상 아무래도 완전한 무소유라는 건 좀 비현실적인 것이 아닌가 한다. 그에 반해서 적은 소유라는 것은 어느 정도 노력으로 가능한 것이니, 보통의 사람들도 실천을 해 보면 그다지 불편하지 않고, 오히려 삶의 행복도를 높일 수 있다고 본다.

무소유라는 건 너무나 종교적인 가치관이 아닌가 한다. 사람이 일생을 살면서 수행하듯이 만 살 수는 없는 것이니, 많은 사람들에게 적용하기에는 무리가 있다. 담배를 피워본 사람이라면 잘 알겠지만, 하루에도 몇 번씩이나 모질게 결심을 하고 금연을 시도 해 보아도 몇 시간이 지나면 다시 담배를 찾게 되지 않던가. 그와 마찬가지로 무소유의 삶이 아무리 좋다고 주창을 하고, 또 그것을 실천하기로 마음먹었다고 하더라도, 일생을 무소유의 삶을 살기란 불가능에 가깝게 어려운 것이라고 생각한다.

그래서 나는 적은 소유를 주위에 권하고 있다. 적은 소유라는 것은 무엇인가. 말 그대로 규모를 줄이자는 것이다. 먼 곳으로 여행을 가고 싶은 마음이 있다면, 경비도 많이 들고 시간도 많이 드니, 가까운 곳에 가서 먼 곳으로 갔을 때와 같은 기분을 낸다면 절약을 하면서도 여행의 기분을 낼 수가 있는 것이다.

요즘 우리 사회도 취업난이 참 심각한데, 사실 일자리가 없는 것은 아니다. 다만 젊은 사람들의 눈높이에 맞는 일자리가 없을 뿐이다. 너도나도 자기가 원하는 자리만 찾고 있으니, 경쟁이 치열해지는 것이 아니겠는가. 이럴 때 지혜로운 사람이라면 봉급은 굉장히 낮지만 당장 구할 수 있는 직장을 구할 것이다. 허드렛일에 박봉이라도 노는 것 보다는 나으니, 그 일을 하면서 마음에 드는 직장을 기다리면 되지 않겠는가.

그런데 자기 학력에 맞는 일자리만을 고집하면서 몇 년씩이나 허송세월을 하고, 그 책임을 국가와 사회에 돌리니,

문제가 해결이 되지 않는 것 아니겠는가. 몇 년 전 88만원 세대라는 말이 유행을 했는데, 술 마시고 방탕하게만 생활하지 않는다면 그 정도 돈으로 생활하는 것도 크게 무리가 있는 건 아니라고 본다. 우선 당장의 호구책으로 쉽게 구할 수 있는 일을 하면서 더 나은 자리를 알아보는 자세가 필요하지 않겠는가.

이와 같은 것이 내가 주장하는 적은 소유의 삶이다. 어떤가. 아무 것도 소유하지 않는다는 무소유의 삶보다는 쉽게 느껴지지 않는가. 인생이 수행이 아니니, 돈도 필요하고, 여자도 필요하고, 직업도 필요한데, 남들이 가진 걸 다 가지려고 하는 것에서 이 사회의 문제가 발생한다고 나는 보고 있다. 많은 돈, 예쁘고 똑똑한 여자, 남들이 우러러 보는 직업……. 이런 것들은 바라는 사람도 많을 테니 경쟁도 치열해질 수밖에 없다. 경쟁이 치열하니 남을 누르기 위해 수단과 방법을 가리지 않을 것인데, 그로 인해서 인간성이 실종되는 것 아니겠는가.

무소유를 궁극적인 목표로 삼을 수는 있으나, 보통 사람들에게 권장하는 것은 무리가 있다고 봐서 적은 소유로 바꿔서 실천하기를 바라는 마음으로 이러한 내용을 쓴 것이니, 젊은 세대가 귀담아 들어주었으면 좋겠다.

25

● 적절한 규모의 중요성

최근 미국에서는 1960년대에 만들었던 대규모의 벙커가 발견되어 화제가 되었다고 한다. 벙커의 용도는 제3차 대전이 발발하면 고위층들이 은신하려는 것이었다. 그런데 벙커의 내부에는 숙박시설이라거나 편의시설이 고급 호텔 수준으로 꾸며져 있었다고 한다. 미국 정부에서 만든 것이라고 하니, 어쩌면 실제로 3차 대전이 발발할 정도의 위기 상황이 과거에 있었던 모양이다.

서양 문물은 우선 규모가 크다. 빌딩도 크고 도로도 넓직넓직하고, 그곳에 사는 사람도 크다. 심지어는 하늘에서 내리는 눈송이도 크다는 이야기가 있다. 그에 반해서 동양, 특히 우리나라의 경우는 모든 것이 소규모이다. 미국이 백화점이라면 우리나라는 구멍가게 수준밖에는 되지 않는다. 그런데 어째서 서양인들은 지구의 멸망이 두려워 벙커를 팠던 것일까. 과학도 발달하고 규모도 큰 서양 문물은 절대로 무너지지 않을 것이 아닌가.

그런데 나는 그들이 멸망한다면 그 이유는 오히려 큰 규모 때문일 수 있다고 생각한다. 공룡을 보라. 몸집으로는 지구에서 상대가 되는 동물이 없었음에도, 공룡은 멸종하고 말았다. 과학자들이 분석해 보니 몸집이 너무 큰 것이 멸종의 이유라고 한다. 몸이 크니 그것을 유지하려면 그만큼 많이 먹어야 하는데, 빙하기가 닥쳐서 먹이가 부족해지니 순식간에 멸종해 버렸다는 것이다.

사람이 살아가는 것도 마찬가지다. 너무 크고 화려한 것을 지향하는 사람은 가장 빨리 멸망의 길을 걸을 수 있다고 생각한다. 우리나라에 전래되어 오는 말 가운데 '분수를 알고 살라'라는 것이 있는데, 참으로 지금의 시대에 적절한 훈계라고 생각한다.

조금 배웠다고 하는 사람들이 서양의 예를 들면서, 우리도 그리해야 한다고 하는데, 그것이야말로 분수를 모르는 처사가 아닌가 한다. 나라의 크기도 다르고, 사람도 다르고, 모든 것이 다 다른데, 우리가 서양의 흉내를 내면 성공한다는 보장이 어디 있다는 말인가. 오히려 나는 우리나라의 경우 우리나라에 맞는 방식으로 나라를 꾸려나가야 전망이 있다고 보는 것이다.

그러려면 모든 면에서 좀 규모를 줄여나가야 한다. 도시를 가 보면 자동차 천지인데, 우리나라처럼 작은 나라에 저렇게까지 차가 많을 필요가 있는가라는 생각이 어쩔 수 없이 들게 된다. 집은 없어도 차는 있어야 한다니, 참 희한한 사람들이다. 물론 서양에는 자동차 없는 사람이 거의 없다고 하니, 그네들을 따라가는 모양인데, 우리의 경우는 오히려 대중교통을 더 발전시키는 게 효과적이 아닌가 하는 생각이 드는 것이다.

음식 문화도 마찬가지이다. 식당에 가 보면 먹고 남긴 음식들이 널려 있는 게 보통인데, 그 아까운 음식들이 모두 쓰레기가 된다니, 어려운 시대를 살아온 나로서는 참으로 답답한 마음이다. 물론 우리네 전통이 모든 것을 푸짐하게 내놓는 것이라 그런 것이기는 하지만, 지금도 끼니를 어렵게 잇고 있는 사람들이 많은 상황에서 지나치게 호화롭게 먹고, 음식을 너무 많이 남기는 식습관은 좀 고쳤으면 하는 생각이다. 반찬을 너무 많이 내놓는 식당 문화가, 남이 먹다 남은 음식을 다른 손님에게 내놓는 잘못된 행태로 이어지게 되는 것이 아니겠는가.

나는 반대로 규모가 좀 더 커지고 발달해야 할 것은 공공 시설이라고 생각하고 있다. 다수가 이용할 수 있는 공원이라거나, 공중 화장실, 대중교통, 혹은 지역 주민들의 편의 시설 같은 것들은 지금보다 더욱 늘려도 괜찮다고 보고 있다. 그런 것이 늘어나야 사회의 양극화도 해소가 되는 것이라고 생각하고 있는 것이다.

그런데 우리나라는 모든 것이 거꾸로 가고 있다. 굳이 크지 않아도 될 것들은 덩치를 키우고 있고, 좀 늘려야 할 것은 턱없이 부족한 상황이다. 한 마디로 규모의 경제가 이루어지지 않고 있는 것이다. 아마도 미래의 문화는 소박하고 적은 것이 인기를 끌고, 그런 것이 세계 문명을 선도해 나갈 것이 확실하다고 생각하고 있다. 그러니 무조건 넓은 집을 선호하고, 커다란 외제차를 인생의 목표로 삼는 것은 시대에 어울리지 않는 미숙한 생각이라는 것을 자각해야 한다.

또한 정부에서는 보다 많은 사람들이 자유롭게 이용할 수 있는 공공시설을 많이 건설해서 사람들이 굳이 많은 것을 소유하지 않더라도 살아가는 데 큰 지장이 없도록 해야 할 필요가 있다. 우리나라의 국운이 그래도 상당히 좋은 편이니, 아마도 이러한 나의 생각대로 나라의 방향이 흘러갈 것은 틀림없는 사실이라고 생각한다.

26

● 양심이라는 거울

앞에서도 밝힌 바가 있지만 내가 건답직파를 성공시켜 나라의 식량난 해결에 큰 기여를 하고, 노인회 회장으로 새마을 운동을 주도하고 노인정 건립을 주도하여 큰 성과를 올리자, 용인군 내에서 나를 모르는 사람이 없을 정도로 명성이 자자해졌다. 그러다보니 자연스럽게 정치에 입문하라는 제안을 받게 되었다는 사실도 앞에서 밝힌 바 있다.

그런데 내가 정계에 발을 담그지 않은 이유는 따로 있다. 그것은 정치를 하면 어쩔 수 없이 부정에 가담해야 했기 때문이다. 사실 조심스러운 이야기일 수 있는데, 어디까지나 그 당시의 관습이 그랬다는 것이지, 지금도 그런지 어떤지는 잘 모르겠다. 그때만 하더라도 정치를 하면 돈 거래를 해야 하고 부정한 청탁을 받는 것이 비일비재 하다는 사실을 잘 알고 있어서 나는 그냥 마을을 위해 봉사만 하겠다고 고사했다. 그러자 그들은 내게 몇 억을 주면서 필요할 때 쓰라는 제안까지 하였다. 하지만 나는 이마저도 거절했다. 좋은 뜻으로 쓰라는 돈이라지만, 특정 집단이 주는 돈을 쓰면 어쩔 수 없이 편중되게 마을 일을 할 것이라는 생각이 들어서 끝끝내 거절했던 것이다.

이 글을 읽는 독자 가운데 나의 이러한 태도를 어수룩한 것이라고 탓하는 사람도 있을지 모르겠다. 만일 내가 그때 정치에 발을 담갔다면 나의 인생은 지금까지와는 다르게 화려하게 꽃을 피웠을지도 모르고, 명성 또한 마을을 너머 전국에 자자했을지도 모르겠다. 또한 남이 주는 돈을 덥석덥석 받았다면 상당한 축재를 했을지도 모른다. 그러니 나는 어떤 면에서 바보같이 살았는지도 모르겠다.

하지만 나는 그런 일들을 전혀 후회하지 않을뿐더러, 참 현명한 선택이었다고 생각하고 있다. 만일 정치건 무엇이건, 혼탁함이 없었다면 흔쾌히 정치에 입문하여 나라 발전에 기여를 했을 것이다. 하지만 그렇지 못하다는 걸 뻔히 알고 있으면서도 그 길로 갔더라면, 나는 무수한 방황과 혼란을 느껴 지금처럼 느긋하게 과거를 회한할 입장이 되지도 못했을 것이다.

돈 문제도 마찬가지다. 만일 세상의 모든 사람이 바르고 청렴하여, 그들이 하는 말 그대로 사심 없이 마을을 위한 봉사 차원에서 내미는 돈이라면 마다할 이유가 없겠으나, 내가 살기 위해 남을 죽여야 하는 치열한 정치판에서 몇 억이라는 돈을 사심 없이 내게 건넬 리가 없다고 보았다. 한 번 돈을 받기 시작하면 나는 그들의 꼭두각시가 되어 마을을 잘못된 방향으로 끌고 갈 수 밖에 없었는데, 그리 했다면 아마 나는 마을 사람들에게 손가락질을 받았을 것이 틀림이 없다.

나를 지켜준 것은 정직이고 신용이었다. 설령 내가 손해를 보더라도 남에게 피해를 주는 일은 절대로 하지 않으려고 했으며, 양심에 가책을 느끼는 거짓말은 절대로 하지 않으려 많은 노력하며 살아왔다. 그렇다고 나의 인생이 남의 귀감이 될 정도로 고고한 것이라고 자랑하는 건 아니다. 그러나 사리사욕에 눈이 어두워 거짓말로 혹 세무민해서 사람들의 이목을 끄는 행태로 성공했던 많은 사람들의 경우, 인생의 말년이 그리 아름답지 못하다는 걸 많이 목격을 했다.

내가 무슨 말을 하려는지 이해하겠는가. 중요한 건 자신의 내면에 있는 양심의 울림이라는 것이다. 그것이 가리키는 방향대로 산다면 법이 필요가 없는 것이다. 인생이란 참 묘해서 내가 남에게 못 할 짓을 하면, 종당에는 더 지독한 사람을 만나서 나의 눈에 피눈물을 흐르게 된다는 걸 알아야 한다.

아무리 악한이라도 양심이라는 것은 존재한다고 생각한다. 그것을 중요하게 생각하느냐, 하찮게 생각하느냐가 사람의 품질을 나누는 기준이 되는 것이다. 물론 사람이 살다 보면 너무나 어려워서 부정에 가담하고 싶은 충동도 생길 수가 있는 것인데, 그럴 때 조용히 자신의 가슴에 손을 얹고 양심의 소리에 귀를 기울여 보아야 한다. 설령 아무도 알아주지 않더라도 그 순간 양심이 가리키는 대로 인생을 선택한다면, 언젠가는 하늘의 도움을 받아 값진 성공을 하게 될 것이라고 본다. 양심이라는 거울은 누구에게도 공평하게 있는데, 그것을 귀히 생각하느냐, 그렇지 않느냐는 본인의 선택 사항인 것이다.

5장. 정역의 시대를 사는 지혜

정역의 시대라는 것은 아무렇게나 살아도 다 잘사는 시대가 아니라, 바르게 사고하고, 베풀 줄 아는 사람이 잘사는 시대라는 것이다. 또한 상생한다는 것은 말 그대로 모두 함께 골고루 잘산다는 의미이다. 누구 한 사람이 독차지 하는 것이 아니고, 힘없고 가난한 서민들에게도 성공의 과실이 골고루 주어지고, 기회가 균등하게 제공되는 것이 바로 상생이다.

● 새로운 시작을 위하여

　오십 줄을 넘어서 어느 정도 경제적인 안정을 이루자 공
부에 대한 열의가 생겨 명동 성당 근처에서 철학을 하는 유
명한 김 모 씨를 찾아갔다는 이야기는 앞에서도 잠깐 언급
한 바가 있다. 지금 생각해도 이 사람은 참 재주꾼이었다.
사고의 깊이도 있었고, 글도 참 잘 썼다.

　그의 사상에 흥미를 느낀 많은 사람들이 그때 그곳에 많
이 모여들었다. 그래서 다양한 사람들을 접할 수 있었는데,
어찌된 일인지 그 김 모 씨가 소송에 걸리더니 유죄 판결을
받고 구속되었다는 소식을 듣게 되었다. 그것도 사기죄라고
한다.

　물론 남의 일이니 사정을 죄다 알기는 어렵고, 살다보면
피치 못할 이유로 그런 일을 겪을 수는 있다고 하나, 그토
록 재주 있는 사람이 하필이면 사기죄로 영어의 몸이 되었
다는 소식은 내게 큰 충격이 되었다.

그런데 농촌에서 농사만 짓다가 세상에 나와 보니 내가 생각했던 바와는 전혀 다른 일들이 너무 많이 벌어지고 있어서 당혹스러웠다. 대부분이 돈과 관련된 추문들이었다.

내가 목격한 것을 구태여 모두 언급하고 싶지는 않다. 이 정도 언급을 했으면 독자들도 내가 무슨 말을 하려는지 대충 이해를 할 것이라는 생각도 있고, 나이가 이만큼 되다보니 인생의 어두운 면을 구태여 시시콜콜 밝히고 싶지 않다는 생각도 있다.

다만 나는 돈을 위해 수단 방법을 가리지 않는 작금의 사회는 반드시 정화가 되어야 하지 않나 싶다. 이것은 서양의 물질 만능주의가 잘못된 방법으로 침투했기에 생긴 현상이다. 근 몇 백 년 동안 서양 문화와 서양 문물이 지구촌을 휩쓸었다. 인간으로 서의 도의와 정신적 자산은 아무짝에도 쓸모가 없는 것이 되고, 모두가 금수처럼 쾌락과 부를 쫓는 부나비 같은 인생들이 되고 말았다.

나는 내가 좀 여유가 있으면 남과 그것을 나누기를 바랐으나, 사람들은 걸신이라도 들른 것처럼 수단 방법을 가리지 않고 빼앗으려고만 했다. 나는 그들에게 수도 없이 세상의 이치를 설명해 주었으나, 물질만능의 파고가 너무 커서 좀처럼 계도가 되지를 않았다.

그래서 이렇게 지면으로나마 내가 뜻하는 바를 설명하고 있는 것이다. 내가 단언하건데, 서양의 자본주의는 멸망이 그리 오래 남지 않았다. 최근에 일본에 대지진이 발생하고 원자력발전소가 파괴되는 대참화가 발생했다고 하는데, 어쩌면 이것은 대파국의 시초일 뿐일지도 모른다.

자연재해는 물질의 현상이다. 물질 만능 세상에서 모든 게 물질로만 거래가 되니, 파국도 물질에 의한 자연재해로 나타나는 게 아닌가 생각한다. 최근에는 백두산이 폭발할지도 모른다는 우려 섞인 보도가 간간히 나오고 있다.

그렇게 되면 남북한 모두 공멸을 하게 될 것이다. 그렇다면 대한민국이라는 나라는 영영 사라지는 것일까? 전혀 그렇지 않다. 물질은 멸망하더라도 정신은 남게 된다. 오히려 물질이 파괴되면 정신은 더욱 번성해지는 게 자연의 섭리다. 그때가 되면 대한민국은 정신적인 면에서 세계를 지도하는 지도국의 위치에 설 수가 있다.

부서지고 멸망하는 것은 부질없는 탐욕과 부패일 뿐이다. 새도 알을 깨고 나와야 비로소 하늘을 날 수 있는 것이고, 누에도 고치를 벗어버려야 나비가 될 수 있듯이, 이 나라가 진정으로 사람 사는 곳이 되려면 한차례의 대파괴가 진행되어야 한다. 우리나라뿐 아니라, 전 세계가 철저하게 부서지고 새로 태어나야 한다.

지금 당장 기억해내기는 어려우나, 어느 학자는 지금 육지의 70퍼센트가 물에 잠긴다는 예측을 하기도 했다. 그렇다면 그것은 대파괴이기도 하고, 대개벽이기도 하다. 다소 국수적인 이야기가 되겠으나, 미국과 일본, 중국을 비롯한 세계의 주요 국가가 모두 물에 잠기는 격변이 일어나는데, 이때 오히려 한반도는 서해 쪽에서 영토가 융기해 오히려 땅이 넓어질 수 있지 않나 하는 생각도 든다. 하지만 이건 어디까지나 나의 사견이니 심각히 들을 필요는 없다. 중요한 것은 자연재해로 세계가 파괴된다는 것이다.

모든 것이 파괴되면 당장은 고통스럽고 불편하겠으나, 먼 미래에는 모두가 서로를 존중하고, 서로를 이롭게 하는 이상향의 세계가 만들어지지 않겠는가. 그렇다면 그 정신은 어디서 나오는가.

바로 만 여 년 전 지금의 중국 대륙을 누비던 고대 한국의 선조들이 씨를 뿌렸던 홍익인간 이화세계의 정신으로 세계가 뭉쳐야 한다고 본다. 남을 이롭게 하고, 나아가서 세계의 모든 인종에게 이로움을 주겠다는 생각으로 모두가 세상을 산다면 싸움도 없을 것이고, 경쟁도 없을 것이고, 시기와 질투도 없을 것이다.

파괴되고 부서지는 이야기만 하니, 독자들 가운데는 내가 과격한 사상이라도 가지고 있는 것으로 오해 하는 이도 있을지 모르겠다. 하지만 파괴되고 부서지는 것이 무조건 나쁜 건 아니다. 예전에는 산불이 나면 숲이 모두 타버리니 안 좋다고만 생각했는데, 최근에 밝혀진 바에 의하면 산불은 자연 활동의 일부이며, 산불로 모든 게 타버린 상태에서 새롭게 만물이 자라나는 것이 오히려 장기적으로는 자연 보호에 더 이롭다고 한다.

세상의 이치도 이와 같은 것이다. 현대인들은 과학과 첨단 기술을 뽐내며 휘황찬란한 현대 문물을 건설해 놓고, 그것이 제일인 양 으스대지만, 일본에서 대지진이 발생해 참혹한 인명 살상이 발생하고 첨단 기술의 상징인 원전이 붕괴되었던 것처럼, 인간이 건설한 과학 문명도 어느 한 순간 모래성처럼 허물어질 수가 있는 것이다.

눈에 보이는 것만 파괴되는 것이 아니다. 사람들이 만들어 놓은 인위적인 관계라는 것도 공허하기는 마찬가지기에, 때가 되면 모두 부서질 것이라고 생각한다. 사람과 사람이 믿을 수 있어야 하고, 심신이 편해야 하는 것인데, 요즘 사람들이 맺는 인간관계라는 것이 대부분 얄팍하고, 또 너무 돈에 좌지우지되어, 그것을 모두가 답답해하고 있으니, 역시 이것도 다 없애고 다시 시작하는 게 옳지 않나 싶다.

● 상생의 시대를 기다리며,

주기적으로 종말론이 등장한다. 그들은 갖가지 이유를 들어서 지구가 종말을 맞을 것이라고 주장하고 있다. 물론 세상에 영원한 것이 없으니 지구도 언젠가는 끝이 있을 것임은 틀림이 없을 것이다. 그러나 태양이 아직 활활 타오르고 있는 것으로 미루어, 적어도 앞으로 수 십 억 년간은 지구의 생명이 계속되지 않겠느냐고 막연히 생각한다.

나는 다만 한 시대가 종언을 고한다는 의미의 종말론에는 동조를 한다. 이름 하여 주역의 시대는 가고 정역의 시대가 온다는 것이다. 주역은 무엇이고, 정역은 무엇이냐, 묻는 사람도 있을 것이다. 주역의 시대라는 것은 혼돈과 무질서의 세계이며, 그로 인하여 나 혼자만 어떻게든 잘 살아보려고 아등바등 대는 세계라고 말하면 실제와 가까울 것이다. 명확하게 질서가 잡히지 않았으니, 바르게 산다는 것이 무언지를 몰라 방황하는 시대를 뜻한다. 바로 자본주의 시대를 말하는 것일 수도 있다.

그렇다면 정역의 시대는 무엇인가? 질서가 잡혀 있고, 모두가 상생하는 시대이다. 수 천 년 간 우리나라 백성들 사이에서는 개벽에 대한 꿈이 자리 잡고 있었다. 나라가 천지개벽하여 배고프고 차별 받던 백성들이 골고루 차별 없이 잘살게 된다는 것이다.

나는 그 시대를 정역의 시대라고 부른다. 바를 정자의 정역은 말 그대로 바르게 사는 사람들의 시대라고 보면 된다. 무수히 많은 사람들이 세상이 개벽되어 편안히 살기를 바라지만, 정작 자기 자신의 몸과 마음을 바르게 다스리는 것에는 인색하지 않았나 하는 생각이 들게 된다.

정역의 시대라는 것은 아무렇게나 살아도 다 잘사는 시대가 아니라, 바르게 사고하고, 베풀 줄 아는 사람이 잘사는 시대라는 것이다. 또한 상생한다는 것은 말 그대로 모두 함께 골고루 잘산다는 의미이다. 누구 한 사람이 독차지 하는 것이 아니고, 힘없고 가난한 서민들에게도 성공의 과실이 골고루 주어지고, 기회가 균등하게 제공되는 것이 바로 상생이다.

아직도 사회에는 이기심이 판을 치고 물질만능이 널리 퍼져 있는 데, 정역이니 상생이니 하는 말이 공허하게 들릴 수도 있을 것이다. 하지만 사람의 힘으로 계절이 바뀌는 것을 막을 수는 없듯이, 거대한 시대의 흐름은 몇 사람의 저항으로 바꿀 수 있는 것이 아니다.

과학과 정보 통신의 발달은 정역의 시대를 상징하는 것이기도 하고, 또 그것들이 정역의 시대를 더욱 앞당길 것이다. 이제는 막연하고 추상적인 논리는 잘 통하지 않고 있으며, 앞으로 더욱 그러할 것이다. 노력한 만큼 보상 받고, 재능이 있는 만큼 성공하는 시대가 올 것이다.

이렇게 말은 하지만, 사실 나는 컴퓨터나 인터넷 같은 걸 잘 활용하지 않는 편이다. 그렇지만, 그것들이 매우 중요한 기기라는 건 잘 알고 있다. 구태여 사용하지는 않아도, 기본적인 원리를 알고 있으니, 그런 기기들이 시대를 좋은 방향으로 발전시키리라는 말을 할 수 있는 것이다.

내가 어렸을 적만 하더라도 멀리 있는 사람에게 이쪽의 소식을 자세히 전하는 건 매우 어려웠다. 편지를 보내는 게 유일한 방법이었는데, 글이라는 게 아무리 자세히 적어도 직접 대면하여 설명하는 것만 못하기 때문에 오해가 생길 수 있었다.

그렇다고 그 먼 거리를 매번 찾아갈 수는 없는 일이니, 늘 답답한 마음이 될 수밖에는 없었다. 어쩌면 우리가 한이라고 부르는 것도 서로의 입장을 제대로 알지 못해서 생기는 것일지도 모르겠다. 연인관계에서 특히 그러할 것이고, 백성과 임금 사이에도 소통을 할 수 없으니 오해와 유언비어가 난무할 수밖에 없었을 것이다.

하지만 지금은 어떤가. 휴대 전화가 있으니 아무 때나 원하는 상대에게 연락을 할 수 있고, 인터넷으로 의견 표현도 자유롭게 할 수 있게 되지 않았는가.

이렇게 의사 표현을 자유롭게 할 수 있으니, 나쁜 사람의 술수는 금방 들통이 날 것이고, 좋은 사람의 좋은 뜻도 사람들이 금방 알게 될 것이다. 오해가 줄어드니 서로 화합하고 도우며 살기가 쉬워 저절로 상생의 사회가 되어가지 않을까 생각한다.

이것이 정역의 시대가 아니고 무엇인가. 그렇다고 어느 날 갑자기 모든 사람이 선량해진다는 건 아니고, 느리지만 조금씩 좋은 방향으로 변해가기 시작해서 나중에는 그것이 움직일 수 없는 대세가 된다는 뜻이다.

나는 그래서 종말이라는 표현보다는 변화라는 표현으로 이 시대를 표현하고 싶다. 자연재해에 의한 문명의 파괴도 일어나겠으나, 그보다 더 극적으로 변하는 것은 개개인의 가치관일 것이다.

고서에는 정역의 시대에 관해 구체적으로 밝혀 놓았다. 우선 환경적으로 주역의 시대는 춘하추동이 너무 분명하니, 더울 때는 너무 덥고, 추울 때는 너무 추워서 사람이 자유분방하게 살기가 어려운 시대라고 하였다. 과학적인 이치를 덧붙이자면 지구가 37.5도 기울어져 있어서 이와 같은 극한의 계절이 반복되는 것인데, 정역의 시대에는 이것이 바로

잡히니, 지구 전체가 온난화 하여 사람이 지내기 적당해진다는 것이다. 장장 1천년간 그러한 태평천하가 지속되게 되는데, 사람의 수명도 지금과 비교할 수 없이 늘어나서 상수는 1천 2백 살을 살고, 중수는 9백 살을 살며, 하수는 7백 살을 산다 하였다. 물론 고서에 나온 내용이라 좀 과장이 있기는 하겠으나, 확실히 주역의 시대와는 달라질 것이다.

나는 변화의 시대를 맞이하기 위한 사업을 하나 준비 중에 있다. 평화의 촌을 건설하는 일이다. 가진 것은 없으나, 자립정신이 충만하고, 심성이 선량한 소수의 사람들을 추려서 상생을 실천하는 공동체 마을을 건설하는 것이다. 나는 일생의 마지막 사업으로 이 평화의 촌을 계획하는 중이다. 이와 관련해서는 다른 장에서 보다 자세히 설명할 예정이다.

● 마고시대로 돌아가자

인류의 시작이 마고 시대로부터 시작되었음은 이 지면을 통해 여러 차례 밝힌 바가 있다. 그렇다면 인류가 최후에 도달해야 할 곳은 어디이며, 그것은 어떤 세계인가?

한 마디로 말하면 태초로 돌아가자는 것이다. 이것을 원시 반 본이라고 한다. 이렇게 말하면 깜짝 놀라는 사람도 있을 것이다. 아니, 현대의 문명과 과학을 모두 버리고 태곳적으로 돌아가자는 것이 말이 되는가?

그런데 인류의 초창기인 마고 시대는 지금보다 불행했을까? 물론 과학도 발전 못했고, 생활 도구 같은 것도 없으니 불편하기는 할 것이다. 그렇다고 지금이 그때보다 행복하다고 말 할 수는 없을 것 같다.

현대인의 특징은 남들보다 더 성공하려고 하는 것이다. 바로 경쟁이다. 경쟁심 때문에 아무리 많은 것을 가져도 행복하기가 어렵다. 그러나 태초에는 마고라는 현인의 계도에 의해 서로 경쟁하는 게 좋지 않았다는 걸 다 알아서 모두가 현실에 만족하며 살았다.

먹을거리는 주위에 널려 있었다. 나무 열매를 먹어도 되고 물고기를 잡아먹어도 되고 협력하여 사냥을 해도 되었다. 이름 하여 공동 생산 공동 분배 제도였다.

어떻게 그것이 가능한가?

그 시대 사람들은 서로 경쟁하면 더 어려워진다는 걸 잘 알았기 때문에 적절히 자기 것을 남과 나누는 삶을 살았다. 과연 정말로 배고프지 않았을까? 물론이다. 가만히 살펴보면 우리를 둘러싼 자연 속에는 약간만 노력을 하면 모두가 얼마든지 배불리 먹을 수 있는 것들이 많이 있다. 물론 개중에는 남보다 쳐지는 사람도 있을 것이고, 어떤 사람은 남보다 우월한 사람도 있을 것이다.

실력이 좋은 사람은 자기 것을 남에게 베풀고, 약한 사람은 남의 도움을 받아서 살면 큰 문제가 발생하지 않는다. 구태여 복잡한 정치 제도가 있어야 하는 것도 아니고, 지나치게 많은 노동을 해야 하는 것도 아니다. 무리하게 많은 것을 욕심 내지 않으면 우리는 자연을 훼손하지 않고도 얼마든지 행복하게 살아갈 수가 있는 것이다.

사람의 몸에는 자연치유력이라는 것이 있다고 한다. 아주 큰 병이 아니라면 자연 속에서 자연스럽게 치유가 되고, 자연 속에 있는 동식물 가운데는 사람의 병을 치유하는 성분들이 있는 것이 꽤 있다고 하니, 아무 것도 없는 상태에서 문명이 다시 시작되더라도 평화롭게 살아가는 게 가능한 것이다.

최근의 뇌과학에 따르면 인간의 뇌는 고도로 복잡하기는 한데, 아주 특수한 분야에 종사 하는 사람이 아니라면, 굳이 이렇게까지 복잡할 필요가 없다고 한다. 어쩌면 정신병이라는 것도 복잡한 뇌가 너무 많이 가동되어 생기는 것일지도 모르겠다.

굳이 사람을 처벌하는 법이 별도로 없더라도, 모두가 양식과 절제심이 몸에 배 있다면, 적당히 일하고 적당히 휴식하며 잘 살 수가 있다. 사회주의의 집단 체제가 실패한 것은 인간 중심이 아니었기 때문이다. 사람을 중심에 두고, 모든 사람이 자기 주관과 양심에 따라 살아가는 것이 먼저지, 강제적인 방법으로 의식 구조를 뜯어고치려는 시도는 실패하기 마련이다.

어떤가? 아직도 내 말이 아주 엉뚱하고 허황된 이야기처럼 들리는가? 아마도 공감하는 사람도 꽤 있을 것이다. 왜냐하면 지금 우리 사회라는 것이 톱니바퀴처럼 옴짝달싹 할 수 없이 만들어져 있어서 누구라도 답답함을 느낄 것이기 때문이다.

이제 한계에 와 있는 것이다. 남은 것은 대파괴가 일어나서 현대 문명을 없애고 그때부터 새로이 시작하는 일이다.

그때가 되면 우리나라가 세계를 이끌어가는 지도국이 될 것이다.

역사는 돌고 돈다. 마고가 출현하여 인류가 시작되었던 것처럼, 현대 문명이 모두 멸망하면 그때 또 다른 현인이 등장해서 새로운 시대를 열게 될 것이니, 그것이 모두가 기다리는 개벽이 되는 것이다.

4

● 곧은 마음이 성공의 열쇠다

인류가 한민족의 기원인 마고로부터 시작되었다는 이야기는 앞에서도 언급한 바가 있다. 마고의 후손들이 세계를 12개의 연방으로 나누어 다스리는 동안 억겁의 세월이 흘러 지역에 따라 오색 인종으로 나누어진 것이다.

태호복희라는 신인이 출현하여 사상팔괘와 음양오행을 만들어 인류에게 보급했다는 이야기도 앞에서 했다. 또한 치우천황이 등장하여 중화족을 제압하고 배달국을 위기로부터 구했다는 이야기도 언급을 하였다.

우리 한민족은 인류의 초창기에 등장하여 문명을 만들고 그것을 인류에게 보급한 위대한 민족이며, 우리 민족의 우수성을 시기한 중화족이 싸움을 걸어왔을 때는 무섭게 노하여 난을 평정한 강인한 민족이기도 하다.

왜 이야기를 다시 하느냐하면, 현재의 대한민국이라는 나라가 너무나 왜소해졌기 때문에 답답해서이다. 나라의 크기

4

가 작은 건 어쩔 수 없다고 하더라도, 사람들이 모두 소인배가 되어 자기 이익만을 추가하느라 정신이 없으니, 천하를 호령했던 선조들이 보면 기가 막힐 일이다.

가난한 사람에게는 공통점이 있다. 작은 이익을 도모하려 생각이 막히고 꺾이는 것이다. 그냥 곧장 가면 될 것을, 일부러 요리조리 어지럽게 길을 만들어 놓으니, 종당에는 자기 인생이 그 길처럼 삐뚤어져 아무 것도 남지 않는 것이다.

지금 이 나라의 형국이 그러하다. 모두가 자기 생각이 옳다고 말하나, 그 생각들이라는 것을 살펴보면, 여기저기가 막히고 꺾여 있으니 하나도 성공하기가 어렵다.

알렉산더가 젊은 시절 외국을 여행 했을 때의 일이다. 어느 지역을 방문하니, 그 지역에는 수 천 년부터 전해 내려온 전설이 있는데, 궁 안에 복잡하게 매여진 매듭을 푸는 자가 세계를 지배할 것이라는 예언이었다.

세계 재패의 야심을 품고 있는 알렉산더는 곧장 궁 안으로 들어가서 매듭을 살펴보았다. 과연 매듭은 보통 복잡하게 매여진 것이 아니어서 어지간한 사람은 풀 수가 없을 것처럼 보였다. 그동안 숱한 야심가들이 매듭에 도전해 보았으나 한 사람도 성공하지 못했다고 한다. 마을 사람들은 알렉산더가 과연 매듭을 풀 수 있을지 초조하게 지켜보고 있었다.

그러자 알렉산더는 매듭을 한 번 살펴보고는 곧장 칼을

꺼내 매듭을 반으로 동강내어버렸다. 매듭은 반으로 잘라져서 바닥에 떨어졌다. 알렉산더는 크게 웃으며 사람들에게 외쳤다고 한다.

"자, 보았느냐? 내가 매듭을 풀지 않았느냐?"

사람들은 꿀 먹은 벙어리처럼 아무 말도 못하고 있었다. 알렉산더는 그 후 세계 정복 전쟁에 나서서 무수한 영토를 점령했다.

이 일화를 접하며 독자들은 무엇을 느꼈는가?

내가 하려는 말의 대부분이 이 일화에 함축되어 있다. 누누이 말하거니와 복잡한 것에는 진실이 전혀 없다. 오히려 단순하고 어수룩한 사람이 진실한 것이며, 그들에게 하늘의 뜻이 있는 것이다.

알렉산더의 예를 들 것도 없이, 우리나라의 경우도 재벌로 크게 성공한 사람들은 대부분 어린아이 같은 순수성이 있는 사람들이었다. 지금은 고인이 된 어느 대기업 총수는 중동의 간척 사업 수주를 맡았을 때 폐선을 사용하며 바닷물을 막으면 좋겠다는 아이디어를 내서 그대로 실현 시켰다고 한다.

너무나 단순한 생각이지만, 누구도 생각해내지 못한 방법이었다. 그래서 그는 1인자가 될 수 있었던 것이고, 다른 사람들은 그의 부하가 될 수밖에 없는 것이다.

마고시대의 현자들이 구름을 타고 노닐듯이 세상을 두루

살폈듯이 우리 사회에도 크고 넓게 보는 인재가 필요하다. 그래야 세계무대에서 성공할 수가 있는 것이다. 모든 것을 복잡하게만 생각하고, 늘 이론만 앞세우는 사람은 작은 성공을 할 수 있을지 몰라도, 큰 성공을 해서 많은 사람들에게 도움을 주는 인물이 되기는 힘들다. 사기꾼이 왜 사기꾼인가. 이렇게 저렇게 복잡한 술수를 부리기 때문에 종당에는 사기를 쳐서 먹고 살 수밖에 없는 것이다.

마음이 곧고, 말보다는 실천을 우선 하는 사람이 이 시대에 꼭 필요한 인재이며, 그러한 인물이 많이 등장해야 나라가 잘 살게 될 것이다. 그러다보면 마고시대의 전통을 이어받아 한민족이 세계를 지배하는 날도 다가오게 될 것이라고 본다.

● 보이지 않는 곳에서 바르게 살아야 한다

예전에 어느 종교인과 대화를 나눈 적이 있었다. 신에 관한 이야기를 주고받다가 하나님의 성별에 관한 게 화제로 오르자 그 종교인이 이렇게 말을 했다.

"하나님은 남자도 아니고 여자도 아닙니다. 하나님은 성별을 나눌 수 있는 존재가 아니십니다."

나는 대놓고 반박하지는 않았지만 속으로는 평생을 종교에 헌신했다는 사람이 신이라는 존재를 아직도 제대로 인식하지 못하고 있다는 사실이 답답하게 느껴졌다. 종교인들은 신이 우주 어딘가에 별다르게 존재한다고 생각하는 모양인데, 그것은 사리가 맞지 않는 말이라고 생각한다. 만일 신이 있고, 하나님이 있다면 그것은 바로 사람이라고 생각한다. 다시 말해서 사람이 신이고, 신이 사람인 것이다.

이것이 바로 우리나라 전통의 인내천 사상인 것이다. 신을 별도로 섬기면서 사람을 차별하고 박해한다면, 그러한 종교는 멸망해야 하는 것이다. 이 사회가 혼탁한 이유가 신이 없어서인가? 아니다. 사람을 하늘 섬기듯이 섬기지 않고, 귀하게 대하지 않기 때문에 문제가 생기는 것이다. 교회가 아무리 늘어나고, 천문학적인 돈을 헌금해도 사람 귀한 줄을 모르면 아무 소용이 없는 것이다.

남편은 아내를 하늘로 알고, 아내 역시 남편을 하늘로 안다면 부부애가 깊어지니 따로 신을 섬기지 않아도 만사가 잘 풀릴 것은 자명한 이치이다. 그러니 신은 우리들 마음속에 있는 것이지, 먼 우주 어디에 있는 것이 아니라는 걸 알아야 하는 것이다.

서구에서도 근대에 들어서 인권을 중시하고 만민이 평등하다는 평등사상이 중심 가치로 등장했다고 하는데, 우리나라의 경우는 이미 태곳적부터 인간 중심의 사상으로 나라를 통치했으니, 사상 면에서 서구보다 수천 년은 앞섰다고 보아야 옳은 것이다.

우리의 전통 사상은 여기서 한 발 더 나아가, 사람뿐 아니라 우주 만물이 모두 하나님이라고 보았다. 길가의 돌멩이 하나서부터 들에 피는 이름모를 꽃 한 송이까지 모두 하나님이라고 보았으니, 인내천 사상만 알면 요새의 자연보호운동이 특별히 필요 없는 것이다.

동양철학에서는 보이는 우주를 대우주라고 불렀고, 사람을 소우주라고 불렀다. 우주가 무한하듯이 사람 또한 무한한 가능성을 지녔다고 보았는데, 현대 과학에서 인간의 뇌를 분석하면 분석할수록 그 복잡함과 오묘함에 놀라고 있다고 하니, 과학이 전무하던 수 천 년 전에 이미 동양에서는 우주와 인간의 본질을 꿰고 있었다는 것이 된다.

신이 우주 어딘가에 있건, 사람들 마음속에 있건, 아니면 길가의 돌멩이 속에 있건 간에, 중요한 것은 사람들이 각성하는 것이다. 선인들이 깨우친 것을 잘 이해하고 생활에 대입하면 큰 분란 없이 인생을 살게 되나, 그렇지 않고 자기 욕심만 앞세워서 세상을 살면 늘 고생만하고 종당에는 남는 것이 아무 것도 없게 되는 것이 인생의 이치인 것이다.

우선은 자기 자신 속에 하나님이 있으며, 나아가서 자기 자신이 하나님이라는 걸 자각해야 한다. 자신이 귀하다고 생각하면 함부로 언행하지 않을 것이니, 사람에게서 기품이 생길 것이며, 내가 나를 귀하게 생각하면 남도 그리 대할 것이니, 다툼이 사라질 것이다.

역사적인 흐름을 보면 처음에는 땅을 숭상했고, 그 다음에는 하늘을 숭상했고, 마지막으로 사람을 숭상하는 시대가 되었다. 이것을 지존, 천존, 인존이라고 한다. 인존이 가장 마지막에 오는 것이니, 가장 중하다고 할 수 있다. 사람을 가장 귀하게 본 것이다. 인류의 시초가 바로 태호복희인데, 그가 인류를 창조할 때 이미 지금의 시대를 다 굽어보고 사상팔괘의 음양철학을 만든 것이다. 앞에서도 잠깐 밝혔지만 태호복희의 아내인 여와는 기독교에 나오는 여호와와 동일 인물이다. 사상팔괘와 음양오행은 만물의 이치를 설명한 것으로 서, 여기서도 사람을 소우주라고 했으니, 사람을 하나님만큼 귀하고 우주만큼 오묘하다고 한 것이다.

사람이 정말로 바르게 살려면 보이지 않는 곳에서도 속이지 말아야 한다는 말이 있다. 공개되어 사람들이 보는 곳에서 바르게 살기는 쉽다. 그러나 보이지 않는 곳에서 절제하고 양심대로 살기란 여간 어려운 일이 아니다. 아주 오랜 노력이 있어야 가능한 일이다.

부모가 자식을 학대하고 남편이 부인을 학대하는 것이 다 보이지 않는 곳에서는 아무렇게나 행동해도 된다는 생각이 있어서이다. 자기보다 약한 사람을 존중하지 않고 학대하는 이유는 그리 해도 아무도 모르리라는 생각에서일 것이다. 법이 없어도 양심대로 행동하고, 양심대로 말하면, 하늘이 그의 어진마음을 알아차리고 언젠가는 뜻을 이루게 해 준다고 하였다. 그러니 당장은 손해를 보더라도 바른 길로 꾸준히 정진하면 훗날 큰 복이 오게 되는 것이다.

보이지 않는 곳에서 바르게 살려면 자기 자신이 하나님이라는 각성이 강하게 있어야 한다. 하나님만큼 위대한 존재인 내가 남이 안본다고 거짓말을 하고 부정을 저지르면 되겠는가? 이러한 각성이 생겨야 진정으로 인품이 훌륭해지는 것이며, 그것으로 인해 좋은 일이 생기게 되는 것이다.

6

● 평화의 촌을 계획하며…

　인간의 모습은 여러 가지일 것이다. 착하고 악하고, 맑고 흐리고, 있고 없고……. 그런데 나이가 여든을 넘으니, 이런 구분조차도 무의미 하다는 생각이 든다. 인간의 희로애락과 삼라만상이 모두 뜬구름처럼 허무해지니, 젊은 사람이 이런 말을 하면 개똥철학이나 한다고 나무라야겠으나, 온갖 세상을 두루 겪고 인생의 말년에 이른 내가 이렇게 말한다면 그것은 진리에 근접한 것이랄 수 있을 것이다.

　나는 늘 카세트를 소지하고 다니는데, 이것으로, 내가 감명 깊게 읽은 책을 육성으로 녹음한 것과, 즐겨 듣는 노래가 녹음된 테이프를 듣는다. 나보다 더 훌륭한 사람도 많을 것이고, 나보다 더 성공하고, 더 부자인 사람도 바닷가의 모래알만큼이나 많겠지만, 나 역시 그들과 견주어서 결코 뒤지지 않을 만큼의 기복 있는 인생을 살아왔다. 농촌의 소작농 아들로 태어나 내가 자란 마을에서 가장 성공한 농부가 되었으니, 인생의 쓴맛 단맛을 다 맛보았다고 말해도 틀린 말이 아닌데, 지금은 낡은 카세트로 음악을 듣고 책 구절을 듣는 것으로 만족하며 지내고 있다.

외국의 백만장자가 죽을 때 자신의 손이 흙 밖으로 나오도록 매장을 해 달라고 유언을 했다는 이야기를 들은 일이 있다. 세계에서 가장 많은 돈을 번 사람도 결국 죽을 때는 이렇게 빈손으로 간다는 것을 후대 사람들에게 보여주고 싶었던 것이라고 한다.

그렇다. 돈이라는 건 살아있을 때나 필요한 것이다. 살아서 생활을 해야 하니 돈이 필요한 것이지, 죽은 다음에 돈이 다 무슨 소용이란 말인가. 그런데 이 단순한 이치를 이해하는 사람이 너무나 적은 것 같다. 남보다 더 많이 가지고, 더 성공하려고 아등바등 대는 사람이 많으니, 세상이 이리도 혼탁한 게 아닌가 싶다.

내가 몇 번 언급한 공동체의 필요성이 다 이런 이유 때문에 생기는 것이다. 지금 세상은 정화가 불가능할 정도로 타락을 했다. 그러니 새로운 출발을 해야 한다. 그래서 나는 인생의 마지막 사업으로 평화의 촌이라는 공동체를 계획하고 있는 것이다.

인생의 말년에 깨달으면 무엇하는가. 살아있을 때 깨닫고, 진리에 가까운 인생을 살아야 되지 않겠는가. 그래서 나의 뜻에 동조하는 사람들을 규합하여, 공동체 마을을 만들려고 하는 것이다. 아마도 아득한 과거, 한민족의 기원인 마고시대가 내가 구상하는 평화의 마을과 흡사하지 않았을까 싶다.

내가 낡은 카세트 하나로 만족하며 즐거이 지내는 것처럼, 공동체에 속한 사람들도 욕심 부리지 않고 자신의 삶에 만족하며 지내기를 바라는 마음이 있다. 쉽고 단순한 것 같으나, 사실은 굉장히 어려운 요구일지도 모른다. 남보다 더 많이 소유하고 싶은 욕구라는 것이 정말 끈질긴 것이기 때문이다.

그래서 아마도 아주 소수의 사람들과 함께 평화의 촌을 꾸리게 될 것이다. 물론 이곳에서는 맛있는 것을 마음껏 먹을 수도 없고, 가지고 싶은 것을 다 가질 수도 없다. 모든 게 부족하겠으나, 부족한 대로 인생을 즐기며 살아가는 방법을 체득하는 것이 목적이니, 마음가짐만 바로 되어 있다면 이 세상 어느 곳에서도 얻을 수 없는 참 행복을 얻을 수도 있을 것이다.

이 사업은 종교와는 다르다. 평화의 촌은 수행을 목적으로 만드는 것이 아니다. 나는 원래가 종교에서 말하는 깨달음이라거나 사후세계 같은 것을 믿지 않는 사람이다. 평화의 촌에서는 적게 먹고, 적게 소유하고도 얼마든지 행복할 수 있다는 것을 체득하는 곳이지, 고고한 진리를 탐구 하는 곳이 아니다. 진리를 탐구 하는 것 자체도 나는 그리 탐탁치 않게 생각한다. 가만히 가부좌나 틀고 앉아서 얻는 깨달음이라는 것이 과연 진짜 진리인지 의구심이 드는 것이다.

인생은 즐거워야 한다는 것이 나의 소신이다. 다만 욕구를 채우는 즐거움이 아니라, 자연과 조화를 이루고, 남을 돕는 데서 즐거움을 찾기를 바라는 것이다. 첨단 과학 같은 건 이제 필요 없는 시대가 될 것이다. 부족하고 불편하지만, 적당히 노동을 하고, 적당히 휴식을 하면서 현대 문명에서는 느낄 수 없는 인생의 참 의미를 깨달아가는 것이 중요하다.

시작은 비록 미미하겠으나, 먼 훗날에는 지구 공동체의 출발지로 역사에 기록될 것이다. 나는 어쩌면 먼 미래의 이상 사회를 지금 이곳에서 실현 시키려는 것인지도 모르겠다.

7

● 정역의 시대를 사는 지혜

　나한나 헤프리 여사에 관해 아는 사람도 있겠지만 대부분 잘 모를 것이다. 흑인 여성으로서, 백인 사회에서 차별을 당하며 살다가 춤을 배운 후, 아프리카로 건너가서 공동체를 만든 사람이다. 그녀의 공동체에는 흑인뿐 아니라, 오색 인종이 모두 모여 살면서 인류의 꿈인 평화와 사랑을 실천하며 살고 있다고 한다.

　나도 여기서 착안하여 평화의 촌을 계획하고 있는데, 이러한 공동체가 주목 받는 것은 인간이 지향해야 할 미래를 보여주는 까닭이라고 생각한다. 헤프리 여사의 경우, 어린 시절부터 가난에 고통 받고 피부색으로 차별을 많이 받았음에도, 세상과 사람에 대해 적대적으로 생각하기보다는 자신의 아픔을 사랑으로 승화시켜 보다 많은 사람들에게 행복을 전해주고 있으니, 참으로 그녀의 일생 자체가 감동이라 아니할 수 없다.

그런데 이러한 사랑과 평화의 공동체는 사실 우리나라의 전통사상과 맥을 같이 한다 하겠다. 홍익인간 이화세계의 정신 자체가 타인을 이롭게 하자는 것이니, 이러한 정신만 잃지 않는다면 우리나라가 미래를 이끌어갈 정신적 지도국이 될 것임은 자명한 이치라 하겠다.

물론 쉬운 일은 아닐 것이지만 시대의 방향이 이상 사회로 향하고 있음을 분명하게 느낄 수가 있다. 농사를 지어본 사람이라면 계절의 중요성을 잘 알 것인데, 봄에는 씨를 뿌리고 여름에는 김을 매서, 가을에는 수확을 하는 것이 보통이다. 역사의 계절은 가을을 지나 겨울에서 새봄으로 넘어가고 있다. 봄이란 새로운 시작을 의미한다. 새롭다는 것은 지금까지 하고는 천양지차로 다르다는 것을 뜻한다.

무엇이 다른가? 이름 하여 새벽이며, 후천인데, 인간이 신선의 단계로 넘어가는 시대를 뜻하는 것이라 말 할 수 있을 것이다. 마고시대에 곡식 대신 이슬을 먹고, 구름을 타고 날아다녔다는 기록이 있음은 앞에서도 밝힌 바가 있다. 문자를 그대로 해석해서 정말로 그렇다고 믿는 사람은 없을 것이다.

인간이 신선이 된다고 해서 갑자기 도술이라도 부리게 된다는 의미가 아니고, 신선과 같은 마음가짐으로 살아가야 한다는 의미가 되는 것이다. 그렇다. 신선이 따로 있는 것이 아니다. 마음을 신선처럼 먹으면 신선이 되는 것이요,

도둑 심보를 갖고 있으면 도둑이 되는 것이니, 스스로 신선에 다가가려고 애를 쓰고, 신선의 마음가짐을 가지면, 신선과 같이 한 세상 살게 된다는 것이다.

그러니 이제 시대가 변하면, 도의를 아는 사람이 잘되고, 권모술수와 요령으로 사는 사람은 백이면 백 실패할 테니, 그것이 바로 정역의 시대이며, 신선의 시대라 말 할 수 있는 것이다. 법가사상의 창시자인 한비자가 사람은 원래 악하니 교화하려 해야 소용없다고 하였는데, 그것도 일견 타당하나, 그래도 나는 아무리 악한이라 한들 어느 한 구석에는 순결함이 있다고 보니, 그것을 끄집어내어 공동으로 남과 화합하며 사는 것이 참다운 삶임을 알려주고 싶은 것이다.

개중에는 선천적으로 선하고 우수한 사람이 있을 테니, 우선은 그들을 가려내어 바른 길을 가도록 돕는 것에 치중하고, 그렇지 못한 사람이라도 바르게 살고, 바르게 생각하는 것이 더 낫다는 것을 이해하도록 하여 종당에는 차별 없고 경쟁 없는 상생의 공동체가 만들어지도록 하려는 것이 나의 바람이다.

주역의 시대가 저물었으니, 시중에 용하다느니 어쩌느니 하는 점집들도 이제는 다 문을 닫아야 한다. 나는 원래가 점을 보지 않는데, 그렇다고 운명을 아주 안 믿는 것은 아니나, 아무리 운명이 있다 한들 술수나 부리고 태만한데, 잘 될 리가 없다고 보는 것이다. 정역의 시대에는 바르게 살고, 바르게 생각하는 것 말고는 다 소용없게 될 것이므로, 모두가 바르게 살지 않을 수 없는 시대이다.

　이미 태곳적의 선조들이 지금의 시대를 예측하고 갈 길을 정해 주었으니, 그것이 홍익인간 이화세계의 사상이 아닌가. 남을 이롭게 한다는 것만 알면 백가지 천 가지의 사상을 따로 배울 필요가 없는 것이다. 원래가 진리는 단순한 것에 있다. 여러 가지 복잡한 이론을 내세우는 사람은 오히려 믿을 수 없는 것이니, 남을 이롭게 하고 있느냐, 라는 질문 하나만 자기 자신에게 물어보면 다 해결이 되는 것이다. 고통의 원인이 바르게 살지 않은 것에 있는데, 바르게 사는 것 말고 다른 데서 방도를 찾으면 해결될 리가 없지 않겠는가. 방황하는 세대에게 나의 충고가 잘 받아들여질지 모르겠다.

8

● 자연보호의 중요성

　기독교의 영향으로 사람이 만물의 영장이라는 말이 널리 퍼져 있는데, 이것은 잘못된 것이라고 생각한다. 우리의 인내천 사상에도 사람이 곧 하나님이라고 했으나, 아울러서 자연도 모두 하나님이라고 보았으니, 사람이 자연의 주인이니 마음대로 해도 된다고 생각해서는 아니 된다는 것이다.

　서구의 과학 문명이 발달하자, 사람의 힘으로 모든 것을 다 할 수 있다는 그릇된 자만심이 지금 큰 문제가 아닌가 한다. 지구의 역사를 보더라도 유구한 세월이 흘러 사람이 만들어진 것이지, 애초부터 사람이 존재했던 것은 아니지 않는가. 다시 말해 사람이 세상을 만든 것이 아니고, 세상이 사람을 만들었다는 것이다.

　우리의 전통사상은 조화를 중시했다. 이름 하여 상생하는 것이다. 개발을 한다하여 자연을 모두 없애버리면 당장은 편할지 모르나, 종당에는 상생의 원리가 깨어져 사람이 살

305

수 없는 세상이 되는 것이니, 자연과 사람이 모두 상생할 수 있는 방법을 강구해야 할 것이다.

서구의 과학 문명에 대해 우려를 한다고 했으나, 선진국인 일본과 독일에서 원자력 발전소 대신에 자연을 이용한 환경친화적인 발전소를 개발하는데 많은 투자를 하고 있다고 하니, 서구에서도 지나친 과학 의존을 우려 하고 있는 모양이다. 아무튼 뒤늦게라도 자연과 조화를 이루려는 시도를 한다는 것은 무척 반가운 일이다.

나는 여기서 더 나아가 아무 것도 없는 무의 상태에서 살아가는 것이 이상 사회라고 보고 있다. 이것이 내가 이 책에서 몇 번이나 언급한 원시 반 본의 세계이다. 그것을 모두에게 실천하라고 하기에는 무리가 있어서 우선 평화의 촌을 계획하고 있다는 이야기도 이미 밝혔다. 이러한 것들이 모두 자연과 인간의 상생을 위한 것이다.

그것과는 별개로 사람이 행복하게 살기 위해서는 자연을 파괴해서는 안 된다. 박정희 전 대통령이 개발 독재를 했다 하여 비판하는 사람이 더러 있는데, 박정희 대통령의 치적 가운데 하나가 그린벨트를 조성하여 무분별한 자연 파괴를 막았던 일이다. 그 당시는 개인의 재산권 침해라 하여 반발도 있었는데, 수 십 년이 지난 지금에 와서 보니 그린벨트로 인해 우리나라의 자연이 이만큼이나 보호된 것은 분명한 사실이라 하겠다.

내가 성장기에 화재로 인해 화염을 들이마시고 생명이 위중한 지경이 되었다는 이야기를 이 책의 도입부에서 밝힌 바가 있다. 그때는 의료 시설도 거의 없어서 모두가 다 죽었다고 보았고, 나 역시 이렇게 죽는구나 생각했다. 하지만 지푸라기를 잡는 심정으로 뱀과 개구리를 잡아 먹어보았더니 서서히 회복이 되기 시작하여 건강을 되찾을 수 있었다. 나는 그때 참 자연이란 오묘하다는 생각을 했다. 아마도 뱀과 개구리 속에 나의 병을 치유하는 성분이 있었을 것이니, 우리의 몸에 생긴 질병을 치료하는 성분이 자연 속에 다 들어있다는 것이다. 물론 아주 큰 병은 현대 의학의 도움을 받아야겠으나, 그런 것도 자연 어딘가에 있을 텐데, 우리가 찾지 못하고 있을 뿐일지도 모르는 것이다.

요새 부모들은 좀 극성이라서 아이가 놀다가 상처가 조금 나도 병원에 데려가서 진료를 받도록 하고 약을 먹이는데, 사실 우리 자랄 때만 하더라도 친구와 즐겁게 놀다가 다치는 정도는 아무 일도 아니었다. 상처가 생겨서 그냥 내버려 두더라도 시간이 흐르면 저절로 치유가 되게 되어 있다. 근래에도 한의학이 부각된다고 하는데, 아마도 세월이 좀 더 흐르면 자연 속에서 병을 치유하는 방법을 많이 찾아내어 지금 불치병이라고 불리는 병들도 어렵지 않게 치료를 할 수 있는 시대가 될 것이라고 생각한다.

이런 것들이 모두 사람과 자연이 상생하는 방법인 것이

다. 우리의 인내천 사상에서 풀 한 포기, 나무 한 그루, 돌멩이 하나를 모두 하나님이라 하여 존귀하게 본 것은, 자연 하나하나가 다 쓰임새가 있으니 함부로 훼손하면 종당에는 재난으로 돌아올 것임을 알고 있음이라 하겠다. 근래에 열대림의 나무를 너무 많이 베어 산소를 배출하는 열대림이 줄어들게 되어 문제라는데, 어쩌면 최근 몇 년간의 커다란 자연재해들이 모두 그것과 관련이 있는 건 아닌가 하는 염려가 생긴다.

이제는 인간이 자연을 정복했다는 식의 표현은 자제하고, 자연이 인간에게 마음을 열었다, 혹은 받아들였다라고 표현하여야 적당하고, 또 상생의 원리에 적합하지 않나 그렇게 생각하고 있다. 오랫동안 인간의 군림으로 자연은 지금 황폐화 되어 있다고 하는데, 이제라도 마음을 돌려 먹어서 세상의 주인은 자연이며, 인간도 자연의 범주 가운데 하나라는 생각이 널리 퍼졌으면 좋겠다.

9

● 우리나라가 고난 받는 이유

서구 기독교 문화의 영향으로 우리나라 사람들도 이것 아니면 저것이라는 양자택일의 풍습이 생긴 것 같다. 성경대로라면 죄를 지으면 저주를 받고 양심대로 살면 복을 받는다는 것인데, 취지는 좋으나, 세상이 그리 단순한 법칙에 의해 돌아가는 건 아닌 것 같다.

우리나라 전래의 마고 문화에서는 모든 것이 하나의 진리에서부터 시작되었다고 밝혔다. 하나로 시작되어 여러 갈레로 퍼지지만, 종당에는 다시 하나로 모인다는 것이다. 우리의 역사가 그러하다고 볼 수 있을 것 같다.

마고로 시작된 인류 문명이 지역에 따라 오색 인종으로 나뉘고, 또 수많은 문명을 이루고 수 백 개의 나라로 쪼개졌으나, 후천 세상에서는 이렇게 흩어진 것들이 다시 모여 하나로 승화된다고 보고 있다. 그 중심은 당연히 문화의 종주국인 우리나라가 될 것이다. 그렇다고 당장 그것이 실현

된다고 주장하는 게 아니라, 서서히 세계의 중심이 우리나라로 집중된다는 것이다.

흔히 마(魔)가 끼었다는 표현이 있다. 하는 일 마다 안 풀리고, 남보다 인생이 잘 안 풀리면 그런 표현을 쓴다. 지금까지의 우리나라가 그러했다. 일제의 가혹한 수탈기를 벗어나자마자 남북이 분단되어 동족상전의 비극적인 전쟁을 겪었고, 60년대와 70년대에 지독히도 열심히 일해서 조금 살만해지기는 했으나, 정치적으로 늘 불안하고, 북한은 유래가 없는 부자 세습의 독재 국가로 국민들이 굶주리고 있고, 남한은 지역감정에 의해 동서로 나뉘고, 또 이념 대립으로 혼란이 끊이지를 않고 있다.

어찌 보면 국가의 운명에 마라도 낀 건 아닌가 싶은 생각이 들 수도 있다. 그런데 마라는 것은 그리 나쁘다고 볼 수 없는 것이다. 사람의 운명이 늘 순탄하기만 하면 보람이 반감된다. 인생의 장애를 부단한 노력으로 극복하고 마침내 성공을 손에 쥐면서 기쁨을 느끼는 것이 인생인데, 그런 과정이 없이 처음부터 잘 풀리기만 한다면 물에 물탄 듯 이것도 저것도 아닌 사람이 되어버리지 않겠는가.

개인의 삶도 그러한데, 국가의 운명이라는 것은 어떻겠는가. 지금 사회복지가 가장 잘 되어 있다고 평가받는 북유럽의 국가들을 보라. 그들이 사는 지역은 우리나라의 겨울처럼 항상 춥고, 땅도 메말라서 경작이 어렵다고 한다. 중세 이전의 유럽을 혼란에 빠트렸던 바이킹의 습격이라는 것도 따지고 보면 북유럽 사람들이 먹고 살 길이 없어 남하 하면서 발생한 혼란이었음은 다 알려진 사실이 아니던가.

그렇게 모진 환경 속에서 운명을 개척하다보니 지구촌에서 가장 살기 좋은 나라를 만든 것은 아닌가한다. 반대로 기후가 온화하고 과실이 풍부한 동남아의 여러 국가들은 대부분 후진국을 벗어나지 못하고 있다. 태어날 때부터 어느 쪽은 우수하고, 어느 쪽은 열등하게 태어난 것이라기보다는, 선조 때부터 환경의 지배를 많이 받다보니 오늘날의 결과가 된 것이 아니겠는가.

우리나라의 경우 사계절이 뚜렷하다는데, 사실 여름은 큰 상관이 없더라도, 살아보니 겨울은 너무 길고 춥다는 생각이 든다. 기후적으로 썩 살기 좋은 편은 아니라는 것이다. 지금도 없는 사람들은 겨울나기가 참 힘들다는데, 먹을 것 없었던 과거에는 어떠했겠는가.

지리적인 면에서도 대륙의 끝에 자리잡다보니 늘 외침에 시달렸고, 외세의 간섭에 시달려야 했으니, 어찌 보면 나라의 운명이 참 박복하다고 할 수 있을 듯 하다. 하지만 대국적인 시야로 보면 이야기가 전혀 달라진다. 현재는 비록 우리나라가 반도에 위치하고 있다고는 하나, 수 천 년 전에는 바이칼 호수를 중심으로 거대한 제국을 형성하며 세계를 지배하던 민족이었다. 그런데 왜 지금은 이렇게 왜소해진 것인가.

　그것도 하나의 운명이라고 말 할 수 있을 것 같다. 고대에는 무력이 중요했기 때문에 큰 영토가 필요했으나, 지금은 그런 시대가 아니다. 현대를 과학의 시대라고 하는데, 이것도 한계가 있기 마련이라서, 곧 저물고, 이제 오는 세상은 정신의 힘이 중요해지는 시대이니, 바로 그것이 개벽이며, 후천 세상인 것이다.

　남을 지도하려면 어떠해야겠는가. 지식도 많아야 하나, 그보다는 삶의 경험이 더 중요하다. 우리나라의 경우도 수많은 고난을 경험했기에 이를 통해 진리를 남에게 전수해 줄 수가 있는 것이다. 만일 우리나라가 아무런 고난도 없었더라면, 지금의 동남아 빈국들과 하나도 다를 바 없었을 것이다.

　부처가 왜 출가를 했는가. 고난을 통하여 깨달음을 얻기 위해서가 아니었던가. 우리나라의 고난은 정신적 자산을 늘리기 위해 꼭 필요한 과정이었다. 마고시대에는 우리나라가 문명의 종주국이었으나, 그것을 모두 버리고 반도에 자리잡고 새로운 출발을 했던 것이다. 이것이 바로 하나에서 시작해 여러 갈레로 나뉘다가 다시 하나로 돌아가는 원시 반본의 법칙인 것이다.

10

● 내가 생각하는 미래

영화 같은 것을 보면 미래에는 첨단 과학이 엄청나게 발달하여 도시의 모든 것이 자동화하고 기계화될 것이라고 보는 듯 하다. 일견 맞는 말이다. 지금도 수십 년 전과 비교해 보면 첨단 과학이 많이 발달하여 참 생활이 편리해진 건 분명 맞는 말이랄 수 있다.

그런데 내 생각은 좀 다른 면이 있다. 과학은 생활의 편리를 가져다준 건 부인할 수 없으나, 사람이 살아가는 데 필요한 것이 생활의 편리만은 아니라고 보기 때문이다. 나는 오히려 먼 미래의 사회는 과학이라거나 첨단 기계 같은 것들이 사라지고, 오히려 자연과 조화를 이루는 공동체가 만들어지지 않을까 그리 생각하고 있다.

어째서 그런 생각을 하고 있는가? 사람은 본래가 자연의 하나이니, 첨단과학이 너무나 발달하여 자연과 멀어지면 심각한 부작용이 생길 것이 틀림없다고 본다. 지금도 에이즈

나 사스 같은 기이한 전염병이 돈다고 하는데, 어쩌면 이런 것들이 자연의 경고일지도 모르겠다. 꼭 그런 이유 때문은 아니더라도 사람이란 궁극적으로 더 행복하기 위하여 사는 것인데, 과학에만 의존하여 살아간다면 참 외롭고 쓸쓸할지도 모르겠다는 생각이 드는 것이다.

로봇 같은 것이 발달하여 집안일도 하고 요리 같은 것도 하는 시대가 곧 올 것이라는 사람도 있는데, 좋기는 하겠지만, 부작용도 생각을 해봐야 한다. 사람이란 좀 부지런히 움직여야 사는 맛이 나는 것인데, 가만히 앉아서 로봇이 집안일을 다 한다면, 신체적으로나 정신적으로 큰 문제가 발생할 가능성이 높다고 하겠다. 어쩌면 미래의 인간은 몸이 곰처럼 비대해지고, 정신은 유아처럼 나약해질지도 모르겠다.

사람이 위대한 점은 부작용을 극복하는 대안을 늘 제시해 왔다는 점에 있다. 첨단 과학의 부작용을 이미 알고 있는 선각자들에 의해 미래의 또 다른 모습이 제시되고 있는데, 그것이 바로 공동체 사회이다. 과학을 버리고 스스로 몸을 움직여 살며 인간성을 지키려는 의도로 만들어지는 것이 공동체 사회인데, 이미 북유럽의 덴마크 같은 나라에서 성공적으로 운영되고 있다고 한다.

꼭 공동체가 아니더라도, 아마 앞으로 세계 여러 곳에서 자연으로 돌아가자는 운동이 활발하게 전개될 것이 틀림없다고 본다. 현대 사회는 사람과 사람 사이의 벽이 너무 높아서 진정으로 자유로운 삶을 살 수가 없지 않은가. 그러니 더 나은 인생을 선택하려는 사람들이 모여서 자연으로 돌아가자는 운동을 적극적으로 펼치기 시작하면, 그것이 인류가 나아갈 방향이 될 수도 있는 것이다.

아무튼 나의 생각은 첨단 과학의 발달만으로는 인류가 행복해질 수 없다는 것이다. 또 아무리 사람이 뛰어난 존재라고 하더라도 자연의 재앙을 이길 수는 없으므로, 지금의 문명이라는 것도 어느 한 순간 다 파괴될 수가 있는 것이다.

나는 1970년대에 새마을운동에 적극적으로 동참한 일이 있는데, 그 당시는 지금보다 훨씬 못 살고, 과학 같은 것도 뒤쳐지던 시기였지만, 마을 사람들이 모두 모여서 하나의 목표를 향해 헌신하는 것에서 굉장한 삶의 보람을 느꼈고, 또 즐거움도 느꼈더랬다.

지금은 농촌이라는 곳이 참 쓸쓸한 곳이 되어 있는데, 국가적으로 제2의 새마을 운동을 주창하여 젊은 세대를 돌아오게 하고, 나이든 사람들도 참여할 수 있게 한다면 의외로 큰 성공을 거둘지도 모른다고 생각하고 있다. 이것은 단지 더 잘 살기 위한 운동이라기보다는, 사람이 협동하면서 삶의 보람을 맛보게 하려는 의도인 것이다.

내가 노인네라서 그런지 몰라도, 젊은 사람들이 하루 종일 컴퓨터 앞에만 앉아서 시간을 보내는 게 그리 건전해 보이지가 않는다. 혼자 컴퓨터를 하는 것도 좋고, 다른 첨단 기기를 활용하는 것도 좋지만, 그와 함께 몸을 움직이면서 다른 사람과 협동하는 걸 배워야 하지 않겠는가 하는 노파심이 어쩔 수 없이 생기기도 하는 것이다. 물론 괜한 참견일 수도 있지만, 균형 잡힌 인생이 되기를 바라는 마음에서 해 주는 조언이다.

11

● 새로운 씨를 뿌려야 한다.

　일본에 9.0의 강진이 발생해서 사망자가 1만 명을 넘으리라고 예측한 사람은 아무도 없었다. 9.0의 강진은 역사상 처음이라고 한다. 마찬가지로 미국의 심장부인 뉴욕에 있는 쌍둥이 빌딩이 테러로 붕괴될 걸 예측한 사람도 없었다. 이런 것을 전문 용어로 '블랙스완'이라고 부른다고 한다. 18세기의 호주에서 검정색 백조가 출현하여 전혀 예측하지 못한 일이 실제로 일어나는 현상을 빗대어 '블랙스완'이라고 부른다는 것이다. 나도 신문에서 잠깐 읽은 기사이기 때문에 이 현상을 과학적으로 설명하기는 어렵다.

　다만 나는 살아오면서의 경험을 통해 사람들이 생각하지 못했던 사건들이 적잖게 일어난다는 사실은 잘 알고 있다. 태평양 전쟁이 그러했고 해방과 6.25 전쟁, 4.19, 5.16, 그리고 비교적 최근에 일어난 삼풍 백화점 붕괴 사건을 비롯한 대형 사건 사고와 1999년의 외환 위기 같은 것들은 어느 날 자다 일어나보니 느닷없이 닥친 일들이었다.

내가 세상이 천지개벽하여 지금까지의 과학 문명이 모두 문을 닫고 우리나라의 정신문화가 세계를 지배하리라고 예측을 하면 믿는 사람은 소수에 불과할 것이다. 하지만 역사상 중요한 사건들은 대부분 누구도 예측하지 못한 일들이었다. 전문가들이 이럴 것이라고 허울 좋게 설명하는 예측들은 오히려 전혀 들어맞지 않는 경우가 많았다.

천재지변이라는 것을 재앙이라고 표현하는데, 나는 좀 생각이 다르다. 천재지변도 자연의 순환원리에 입각해서 발생하는 것이므로 넓은 시각으로 보면 인류에 긍정적인 영향을 미칠 수가 있는 것이다. 고대의 도시였던 폼페이는 그 당시 첨단 건축물과 첨단 도로로 이루어진 현대식 도시였는데, 어느 날 갑자기 화산이 폭발하여 멸망했다고 한다. 물론 현대식 도시가 붕괴된 것은 안타까운 일일 수 있으나, 폼페이의 경우 지나치게 성문화가 발달해서 사람들이 타락한 생활을 했다고 하니, 그것에 경종을 울린다는 의미에서 보면 화산의 대폭발도 긍정적인 의미가 있지 않나 싶다.

자, 이 글을 읽는 독자들에게 한 번 묻고 싶다. 과연 당신은 지금의 시대가 인간이 인간답게 살아가는 시대라고 생각하는가? 사람과 사람 사이의 관계도 돈으로 거래되는 지독한 천민자본주의에 의해 인간성은 타락하고 정서는 메말랐으니, 어느 한 사람도 자신 있게 행복하다고 말 할 수 없을 것이라고 본다. 돈과 명예의 상징인 스타급 연예인들조차 줄줄이 자살로 생을 마감하는 마당이니, 돈 없고 배경 없는 보통 사람들의 고통은 형언할 수 없을 지경이 아닌가 한다.

어찌 보면 모두가 죽지 못해 삶을 연명하고 있는 것인지도 모르겠다. 천재라는 것은 사람의 힘으로는 어쩌지 못하니, 하늘이 대신 부수고 파괴하는 것을 뜻한다고 본다. 어느 한계에 이르면 다 부서지고 파괴되어 다시 시작하는 것이 만물의 이치인 것이다. 나도 대개벽이 어떤 형태로 이루어질지는 모르나, 지금이 그 시기인 것만은 분명히 안다고 하겠다.

지금 뜻있는 좋은 분들이 죄다 초야에서 숨어 지내는데, 아마도 대개벽이 시작되면 그들이 하나 둘씩 출현하여 정신적인 지도자가 될 것이다. 홍익인간 이화세계라는 것은 남을 이롭게 한다는 것인데, 지금은 오히려 남을 해롭게 하는 것에 혈안이 되어 있으니, 어느 하나를 바꾼다고 될 일이 아니고, 모든 것이 멸망하고 다시 시작해야 하는 것이다.

나는 농사를 지어봐서 잘 아는데, 해충이 생기면 농작물이 걷잡을 수 없이 썩어 들어가서 어느 한 부위를 도려낸다고 해결이 되는 게 아니므로, 밭을 갈아엎고 새롭게 씨를 뿌리는 게 나은 것이다. 지금 인류의 모습이 그러하니, 응당 대파괴가 일어나야 하고, 반드시 그리 될 것이다.

밭을 갈고 새로운 씨앗을 뿌려야 한다. 아주 작고 볼품없는 싹이 자라더라도 그것을 소중히 키우고, 또 이제는 바르게 키워야 한다. 바르게 자란 농작물에서 열매가 열리면 그것으로 다시 씨를 뿌릴 테니, 머지않아 새로운 농작물들이 온 세상을 뒤덮을 것이 아니겠는가.

그것을 이름 하여 후천 세상이라고 부르는 것이다. 천존 다음이 지존, 그 다음이 인존이라고 하였다. 어째서 사람 인(人)자의 인존이 가장 나중에 오는가. 사람이 하느님이고, 만물이 하느님이라는 의미이다. 그러니 인존은 따로 별다른 존재가 출현하는 게 아니고, 모든 인류가 하느님이라는 각성이 생겨나는 것을 뜻하는 것이다. 반드시 새로운 싹이 돋아날 것인데, 그것은 이름 없고 초라한 모습일 수도 있으니, 초라하고 이름 없는 것을 소중히 키우는 자만이 세계를 지배하게 될 것이다. 지금 사회의 호화로운 모양은 다 가식이며, 허영이니, 진정으로 가치 있는 것은 반드시 이름 없고 초라한 것에서 시작될 것이다.

12

● 무(無)의 철학

사람의 천성이 본래 어떠한지에 대해 역사 이래로 많은 논란이 있어왔다. 나는 철학을 하는 사람이 아니니, 그것을 깊이 있게 연구해 본 일은 없지만, 살아오며 느낀 바가 있어 논해보려 한다. 사람의 성향은 참 여러 가지다. 선한 자도 있고, 악한 자도 있고, 후한 자도 있고, 박한 자도 있다. 그런데 이런 것들이 과연 태어날 때부터 정해져 있다는 것인지 조금 의문이다.

사람은 살아가면서 변화한다고 본다. 그렇다면 인간 본래의 성향이라는 것은 무엇인가? 나는 아무 것도 없는 '무'의 상태가 사람의 원래 성향이 아닌가, 그리 생각하고 있다. 그러니 의지가 중요한 것이라는 것이다. 만일 이 글을 읽는 사람이 젊은 세대라면 훗날 자신이 어떤 모습이기를 원하는가?

그 모습은 지금부터 어떻게 살아가느냐에 따라서 결정이

되어지는 것이다. 나는 앞장에서 이제 상극의 시대에서 상생의 시대로 바뀐다고 하였는데, 이러한 변화도 결국은 사람이 만들어가는 것이니 하늘에서 갑자기 뚝 떨어지는 것은 아니라고 본다.

다만 정역의 시대, 혹은 상생의 시대에는 모든 것이 낱낱이 밝혀지게 될 것이다. 모두 다 공개되고 밝혀지니 사사로운 이익을 탐하는 것도 드러날 것이요, 요령과 술수를 부리는 것도 밝혀질 것이요, 거짓말로 혹세무민하는 것도 모두 드러나고 밝혀질 것이다.

그러니 앞으로의 시대에 성공하고 출세하려면 투명한 마음가짐이지 않으면 절대 안 된다는 것이다. 그러니 사람의 본래 천성인 아무것도 없음, 즉 무의 상태로 있는 사람이 가장 앞선 자가 될 것이 틀림없다 하겠다. 나는 기독교 신자는 아니나, 성경에도 '천국에 가려면 어린아이와 같아야 한다.'라고 하였다는데, 이런 말이 다 우리 동양 사상에서 착안한 것이다.

그러니 선하다거나, 악하다는 것은 사람들이 의식적으로 만들어 놓은 것이지, 그런 것이 사람을 평가하는 기준이 될 수는 없음이다. 주위에서 좋은 사람이라는 평판을 듣는 사람이 있다고 해 보자. 당사자 입장에서는 사실 상당히 부담스러운 평이 될 것이다. 살다보면 화도 내야하고, 쾌락도 추구해야 하는데, 좋은 사람이라는 평을 잃지 않기 위해 그것들을 모두 포기해야하니, 남에게는 좋은 사람이라는 칭송은 듣겠으나, 내적으로는 불균형을 이루어, 번민이 많아질 것이 아니겠는가.

나쁜 사람이라는 평을 듣는 사람도 대동소이하다. 늘 나쁘다는 평을 들으니 자괴감이 생겨 더욱 포악해지고, 세상을 적대적으로 대할 것이므로, 매우 위험해질 수 있는 것이다.

그러니 내가 앞에 밝힌 대로 선하다거나, 악하다거나, 후하다거나, 박하다거나 이런 것들은 사람들이 보기 좋게 만들어 놓은 기준일 뿐이고, 사람의 본래 성향이란 악하지도 않고, 선하지도 않은, 그냥 아무 것도 없는 무의 상태라는 것이다.

예전에 영화를 보면서 느낀 점이 하나 있는데, 연기자가 너무 과장되게 연기를 하면 오히려 영화의 재미가 없어지더라는 것이다. 그냥 연기자가 아무 것도 하지 않아도 되는데, 구태여 억지스럽게 연기를 하니, 보는 사람에게 부담이 생겼다. 그러니 연기라는 것도 가장 훌륭한 연기는 아무 것도 하지 않으면서 관객에게 메시지를 충분히 전달하는, 그런 것이 아니겠는가 하고 생각을 하게 되었다.

사람은 백지와 같이 아무 것도 없는 상태라야 새로운 것을 받아들일 수가 있는 것이다. 아무 필요 없는 것을 많이 알아봐야 소용도 없고, 그런 것이 가득 차 있으므로 새로운 것을 받아들일 수가 없게 되는 것이다.

그러니 많이 가져도 소용없고, 많이 알아도 소용없는 것인데, 정역의 시대에는 누구의 마음이 순결한지가 다 드러날 것이므로, 이제라도 하나하나 버리고, 정말로 새롭고 귀한 것을 받아들일 마음의 자세를 하고 있어야겠지 않나 하는 것이다.

13

● 내가 독자들에게 바라는 것

내가 인류의 시조인 태호복희와 여훼의 성전을 건립하는 '인류시조성전건립회'의 회장을 맡고 있는데, 이 사업의 중대성을 각계각층에 호소하고 도움을 요청했으나 반응이 신통치 않았다. 그러자 나를 도와 함께 이 사업을 추진하고 있는 학자 한 분이 로마 교황청에서 여호와의 동상 성별을 남성으로 한다는 소식을 내게 알려주며 소송을 하면 어떻겠느냐고 물어왔다. 앞장에서도 설명했지만 기독교에서 말하는 여호와는 태호복희의 아내인 여훼에서 비롯된 것이므로, 응당 여성이어야 한다는 것이 우리의 주장이다. 그래서 소송을 통하여 우리의 주장을 대외에 알리자는 것인데, 나는 무익하다는 생각이 들어 만류했다.

"소용없는 일입니다. 로마 교황청은 강대한 조직 단체인데, 우리가 소송을 한다고 바뀌겠습니까. 그런 일을 하면 괜히 우리만 이상하게 보니 하지 마십시오. 그 대신 우리는 후대에 귀중한 우리의 역사를 알려주는 일에 매진하는 게 나을 것입니다."

내가 이 책을 통해 다양하게 역사와 철학, 정치, 사회, 문화에 대해 두서없이 의견을 피력했는데, 혹자는 백퍼센트 공감을 할 수도 있고, 혹자는 일부는 공감하나 나머지는 공감치 못할 수도 있고, 혹자는 대부분 공감하나 일부는 공감 못할 수도 있다. 사람이 다양하니 내 책에 대한 생각 또한 다양하지 않을까 한다.

내가 본래 꼼꼼하고 치밀한 성격이 못되어 글자 하나하나에 무슨 심대한 의미를 담지는 않았다. 다만 내가 하려는 말의 전체적인 맥을 이해해주기를 바라고 있다. 우리의 선조는 바이칼 호수 근처에 터를 잡으며 광대한 제국을 지배한 대인들이었다. 나는 지금도 눈을 감으면 광활한 대륙을 종횡무진 누비고 다니는 선조들의 모습이 떠오른다.

물론 그것은 지금 공식적으로 채택된 역사라고는 할 수는 없을 것이다. 하지만 앞으로 우리가 노력을 하면 지금보다 훨씬 더 많은 증거들이 발견될 것이라고 믿는다. 또한 내가 중요하게 하려는 말의 요점은 바로 선조들의 정신이다. 우리가 우리의 역사를 소중히 생각하지 않으면 누가 소중히 생각하겠는가.

고대뿐 아니라, 삼국시대, 고려 시대, 그리고 조선시대에 이르는 우리의 역사를 남의 시각이 아닌, 우리의 시각으로 새롭게 조망해야 할 필요가 있는 것이다. 특히 조선시대의 선비 정신은 정말 훌륭하고, 그네들의 뼈를 깎는 자기 절제의 미덕은 세계에서 유래가 없을 정도로 위대한 것임에도, 그것을 제대로 평가하고, 계승하는 것에 너무나 인색한 점이 안타깝다.

우리의 전통적인 사상은 공동체 정신이었다. 고대부터 근대까지 우리는 같은 민족이라는 테두리 안에서 상부상조하며 살아왔으며, 기쁨과 고통을 함께 나누었다. 그런데 근대에 접어들어 일제로부터 나라를 빼앗기고, 해방 후에는 남북으로 갈라지더니, 급기야 골육상전의 6.25동란으로 폐허가 되어 현재에 이르게 되었으니, 참으로 통탄할 일이 아닌가.

물론 지금 과거로 돌아가자고 주장하는 것은 가능하지도 않고 옳지도 않다. 다만 좋은 것은 계승을 하여야 한다는 것이다. 지조와 절개를 지키고 예를 숭상했던 선조들의 자세는, 돈에 너무 좌우되고 너무 경우 없이 처신하는 요즘의 세태에 절박하게 필요한 덕목인 것이다. 설령 나와 생각이 다르더라도 사리를 분별하는 태도는 갖추어야 하지 않겠느냐는 것이다. 그것이 인간이 금수와 다른 점이 아니겠는가.

사람이 남보다 돈을 더 벌고, 남보다 더 높은 권력을 누리고 싶어 하는 것은 자연스럽다고 본다. 문제는 도의라는 것이다. 흔히 도가 지나치다고 하는 표현이 왜 나왔는가. 무엇을 하더라도 양심껏, 그리고 소신껏 해야 한다는 것이다.

설령 나와 생각이 다르고, 나의 주장에 반대를 하더라도, 사람이 도의를 잘 지키고, 기본적인 품성이 갖추어져 있으면 나 역시 예를 갖춘다. 그런데 지금의 사회는 자기주장을 하는 방식이 너무나 예에 어긋나 있고, 너무나 혼탁하여, 과연 나라의 장래가 어찌될지 참으로 안타깝고 답답하다.

이런 것이 모두 선조들의 정신을 제대로 계승하지 못해서가 아니고 무엇인가. 그렇기 때문에 우리의 역사를 제대로 알리는 일이 매우 중요한 것이다. 우리나라는 중국의 변방도 아니었으며, 조선시대는 고루하고 비합리적인 시대가 결코 아니었음을 젊은 세대가 꼭 알아야 한다. 이 책을 읽고 그런 측면의 작은 부분이라도 이해를 하는 독자가 있다면 나로서는 더 바랄 것이 없을 것이다.

◆ 글을 마치며 ◆

　책도 많고 볼거리도 많은 세상인데, 나처럼 이름도 없는 평범한 노인네가 기록한 것을 누가 읽을까싶은 마음도 있으나, 이름없는 촌로라도 살아온 날들에 대한 추억과 회한은 있을 것이며, 또 세상에 대해 하고 싶은 말이 있을지니, 용기를 내어 책을 내게 되었다.

　할 말은 대충 다 한듯 싶지만, 그래도 모자란듯 해 몇 마디 더 첨을 해 보자면, 사람이 어차피 혼자는 살 수가 없는 세상인데, 자신의 가족을 소중하게 생각하는 게 중요하다는 것을 좀 강조하고 싶다. 불교에서는 출가를 하게되면 부모를 속인이라 부르며 인연을 끊어야 한다는데, 모든 사람이 다 수행자처럼 살 수는 없는 것이고, 또 어차피 혼자서는 살아갈 수 없는 게 인생이라면 부모자식의 관계로 매여 사는 게 큰 화 없이 세상을 살아가는 지혜라고 나는 보고 있다.

　나의 자랑스러운 큰 아들 영권과 작은 아들 영화, 그리고 여식인 영희와 영미에게 지면을 통해 애틋한 마음을 전하고 싶다. 또한 눈에 넣어도 아프지 않을만큼 사랑하는 손주들, 광배, 웅배, 재원에게도 할아버지의 마음이 전해졌으면 좋

겠다. 그리고 한 가족이나 마찬가지로 오랜 시간을 함께 해
온 김양심 소장에게도 감사의 말을 전하고 싶다. 끝으로 졸
고를 책으로 엮어준 도서 출판 아담의 임직원분들에게도 감
사의 말을 전한다.